고통과 절망감을 안고 따돌림사회연구모임의 문을 처음 두드렸을 때가 생각납니다. 반신반의하며 따라온 1년, 저는 거대한 적처럼 생각했던 학교폭력 문제를 교사가 공교육의 틀 안에서 해결해 갈 수 있다는 확신에 찬 감정을 가지게 되었습니다.

— 강균석(따돌림사회연구모임 회원, 군서중학교 교사)

과거에 겪었던 학교폭력이 기억에서 사라지지 않았지만 '평화와 우정의 교사되기' 프로젝트에 참여하면서 나를 괴롭히던 학교폭력에 대한 두려움과 상처는 서서히 실천해야만 하는 용기로 바뀌어 갔다. 이제 더 이상 나는 학교폭력 해결에서 소외된, 수동적 존재가 아니다. 평화와 우정을 가르치며 학교폭력에 보다 적극 대응하는 당당한 주체로 거듭나고 있다.

— 황경희(포천고등학교 교사)

피해학생과 그 부모에게는 선생님이 희망입니다. 대부분의 피해부모님들이 교사의 미흡한 대처에 분노와 고통을 호소합니다. 선생님이 외면할 때는 피해학생과 그 부모는 절망에 빠집니다. 이 책은 그에 대한 문제점과 해결책을 찾기 위한 노력의 결실이기에 학교 현장에서 많은 도움이 될 것이라 기대합니다. 더 많은 선생님들이 이 책을 읽고 학교폭력 없는 평화로운 학교를 만드는 일에 나서주시길 바랍니다.

— 조정실(학교폭력 피해자 가족 협의회장)

책에서 소개한 〈우정 신문〉을 직접 만들어 보았다. 반 아이들은 평화로운 학급을 만들자는 규칙을 스스로 정하고 〈우정 신문〉을 통해 소통하기로 동의했다. 신문 형식이지만 그 내용은 아이들 뒷담화를 공개해 갈등을 긍정적으로 해소하기 위한 소통의 장이 되었다. 〈우정 신문〉을 통해 학급에 더욱 신뢰가 쌓였고 서로의 입장에서 바라보는 눈이 생겼다.

— 곽은주(관교중학교 교사)

우리 반에는 아이들 힘에 따른 서열도 심했고, 장난을 가장한 폭력도 심심치 않게 일어나고 있었습니다. 그래서 2학기에는 이 책에 있는 내용을 중심에 두고 학급운영을 해보았습니다. 학급 목표를 평등, 평화, 화목으로 정하고 평화 규칙도 만들고……. 아이들이 함께 울고 웃으며 평화롭게 어우러지는 모습을 보면서 행복했습니다.

— 구자숙(대정초등학교 교사)

박종철 선생님과 함께 한 일 년은 아쉬움도, 즐거움도 많았다. 체육대회 때 반티를 맞추며 티격태격했던 일, 여름방학 여행 계획이 아쉽게 무산된 일, 조별로 장을 직접 봐 음식을 해 먹었던 2학기 단합 대회, 남자들만 가서 아쉽긴 했지만 겨울 여행을 가서 속내를 풀며 잤던 일……. 내 학생 시절 가장 즐거웠던 때를 말하라면 서슴없이 '고등학교 2학년 8반!'이라고 말할 수 있다.

— 이중빈(경기국제통상고등학교 학생)

교실평화
프로젝트

교실 평화 프로젝트

1판 1쇄 발행 2013년 4월 1일 | 1판 8쇄 발행 2019년 4월 19일

지은이 박종철 | 기획 따돌림사회연구모임
펴낸이 조재은 | 펴낸곳 (주)양철북출판사
등록 제25100-2002-380호(2001년 11월 21일)
편집 박선주 김명옥 | 디자인 육수정 | 마케팅 조희정 | 관리 정영주
주소 서울시 마포구 양화로8길 17-9
전화 02-335-6407 | 팩스 0505-335-6408
ISBN 978-89-6372-080-7 03370 | 값 13,000원

카페 cafe.daum.net/tindrum
블로그 blog.naver.com/tin_drum
페이스북 facebook.com/tindrum2001
잘못된 책은 바꾸어 드립니다.

교실 평화 프로젝트

담임교사를 위한
학교폭력
예방 길잡이

박종철 지음
따돌림사회연구모임 기획

양철북

차례

학교는 평화를 배우는 곳이어야 합니다

"고등학교에서 '화목한 학급'을 만드는 건 '평화로운 학급'을 만드는 것보다 몇 배는 어려운 일임을 절감한 하루였다."

2012년 11월 29일 SNS에 남긴 글입니다. 그날 무슨 일이 있었을까요?

2012년 우리 반은 평화로웠습니다. 하지만 충분히 화목했다고 하긴 어렵습니다. 화목하려면 기존 관계에 머무르지 말고 더 넓고 깊은 관계를 만들어야 하는데, 아이들은 그럴 필요를 느끼지 못했습니다. 오히려 담임인 제가 그런 계기를 마련하려 할 때 거부감을 드러내기도 했습니다.

학년 말, 겨울 여행을 기획했습니다. 함께 지낸 1년을 돌아보며 집단적으로 성찰하는 계기를 만들고 싶어서 말입니다. 여행이 아이들을 좀 더 솔직하게 만들고 서로에 대해 너그러워지게 해 줄 것이라 기대했습니다. 어떻게든 더 많은 아이들을 설득해서 겨울여행에 데려가고 싶었는데, 결국 여자아이들은 함께 가지 못했습니다. SNS에 남긴 위의 글은 끝내 여자아이들을 데리고 가는 데 실패한 날 썼던 것입니다. 이제 저는 종업식 날 아이들에게 어떤 메시지를 줄 것인지 고민하고 있습니다.

학교폭력 없는 평화로운 학교를 만드는 안내서

학교는 사회화 기관입니다. 여기서 사회화란 기존 사회질서를 비판 없이 몸에 배게 하는 게 아닙니다. 제가 말하고자 하는 사회화란 학생을 '평화롭고 민주적인 사회의 주인공'으로 길러 내는 것입니다. 학교가 이런 의미에서 사회화 기관이라고 할 때 선생님은 무엇보다도 생활교육 전문가가 되어야 합니다. 그러나 선생님들조차도 교사의 전문성은 '수업을 잘 하는 것'에만 있다고 생각할 때가 많습니다.

학교에서 학생들은 돈과 권력이 세상을 지배하고 있음을 배우고, 편법을 쓰더라도 걸리지만 않으면 된다는 것을 배우고 있습니다. 누군가를 괴롭힘으로써 다른 학생들에게 인정받는 법을 배웁니다. 학교폭력이 만연해 있다는 것은 사회가 병들었으며 학교가 제 기능을 못한다는 증거입니다. 평화로운 사회를 만드는 일은 학교에서부터 시작해야 합니다. 학교는 다른 사람들과 더불어 평화롭게 사는 법을 배우는 곳이어야 합니다.

이 책은 담임교사, 학교폭력 책임교사, 상담 교사 등 학교폭력 없는 평화로운 학교, 나아가서 화목한 학교를 꿈꾸는 모든 선생님께 도움을 드리고자 만들었습니다. 이 밖에도 학교폭력을 예방하고 해결하는 데 관심 있는 분이라면 누구에게라도 도움이 될 것입니다.

이 책의 1부에서는 학교폭력을 어떻게 바라보아야 하는지 이야기합니다. 학교폭력의 원인으로 흔히 이야기되는 가해자나 피해자 개인의 심리적 특성, 가정의 교육 기능 상실, 입시 경쟁 교육 등이 학교폭력과 얼마나 관련 있는지 비판적으로 검토하고 한국에서 학교폭력이 심각한 까닭이 무엇인지 밝힙니다.

여기에서는 '인정욕망'을 중심으로 학교폭력을 재해석하자고 제안합니다. 학교폭력에 대한 기존의 정의(법적 정의)가 가진 한계를 인식하고 개념을 재정립해야 올바른 해결책도 찾을 수 있다고 보기 때문입니다. 이와 더불어 평화 교육과 우정 교육 개념을 도입하자고 제안합니다. 다른 목적으로 개발된 프로그램들도 학교폭력을 예방하고 해결하는 데 도움이 되지만 평화 교육, 우정 교육에 초점을 맞춘 새로운 프로그램을 만드는 것이 학교폭력을 직접 예방하고 해결하는 방법이라 생각하기 때문입니다.

사회적으로 학교폭력에 대한 관심은 커졌지만, 관련 서적은 아직도 많지 않습니다. 교사에게 구체적인 도움을 줄 수 있는 책은 더 적고, 나와 있는 책들 대부분은 사례와 방법에 치중하고 있습니다. 하지만 참으로 중요한 것은 학교폭력을 바라보는 눈을 기르는 것입니다. 교사마다 처한 처지와 조건이 다르고 교사의 성향도 다릅니다. 그러므로 책에 나와 있는 방법대로 따라 한다고 하여 꼭 성공하리라는 보장이 없습니다. 이론을 통해 학교폭력을 보는 눈이 생기면 상황을 분석하고 판단하는 힘이 생기고, 그러면 문제를 풀기 위한 방법을 새롭게 만들 수 있습니다. 이 책 전체를 통틀어 1부에 가장 공들인 이유가 바로 여기에 있습니다.

1부는 학교폭력에 대한 이론을 다루고 있는 셈인데 따돌림사회연구모임를 만들고 이끌어 온 김경욱 선생님의 연구를 바탕으로 합니다. 글은 제가 썼지만 김경욱 선생님의 말을 제가 이해한대로 옮겨 적은 것이라 보아도 무방합니다. 1장은 백서윤 선생님께서 쓴 글을 바탕으로 제가 다시 쓴 것입니다.

2부에서는 평화롭고 화목한 교실을 만들기 위한 구체적인 방법들을 안내합니다. 1년 동안의 학급운영 전 과정을 '이야기 학급운영'으로 보고 접근할 것을 제안합니다.

이야기 속에는 성공담도 있지만 실패담도 있습니다. 성공한다면 한 걸음 더 나아갈 수 있지만, 실패한다 해도 좌절할 필요는 없습니다. 실패에서 교훈을 찾으면 됩니다. 폭력이 일상화된 세상에서 학생들은 평화를 원하면서도 폭력의 질서에 안주하고 싶어 할 때가 많습니다. 때로는 평화를 만들고자 하는 교사의 노력에 노골적인 거부감을 드러내기도 합니다. 교사들은 실패에 익숙해져야 합니다. 평화롭고 화목한 교실을 만드는 것은 어려운 일입니다. 우리가 그래도 희망을 놓지 않을 수 있는 이유는 이야기가 끝나지 않고 계속 이어지기 때문입니다.

교실에서 만드는 이야기는 1년 단위로 맺음과 시작을 되풀이하므로 올해 성공하지 못하더라도 내년에는 성공할 수 있습니다. 학년이 끝날 무렵에 1년을 돌아보았을 때 혹시 충분히 만족스럽지 못하더라도 좌절하지 말아야 합니다. 좌절하지 않으면 성공할 수 있습니다. 교사는 학생들에게도 이를 주지시킬 필요가 있습니다. "우리 반은 안 돼", "우리 반이 그렇지 뭐"라고 생각하는 학생들이 참 많습니다. 왜 실패했는지, 내년에는 어떻게 살아갈지 집단적으로 성찰하고 올해는 실패했지만 내년엔 성공하자고 격려하며 학생들과 헤어져야 합니다.

종종 선생님들 앞에서 강의할 기회가 있습니다. 많은 선생님들이 학교폭력을 해결할 수 있는 확실하고 구체적인 방법을 알고 싶어 합니다. 그러나 제 경험으로는 어떤 상황과 조건에서도 성공할 수 있는 방법이란 없습니다. 학급마다 지역마다 상황이 얼마나 다른지요! 인문계 고등학교와 실업계 고등학교는 또 얼마나 다른가요! 어떤 조건에서도 성공할 수 있는 방법은 없습니다. 교사 자신이 처한 상황에 따라 새로운 사례를 창조해야 합니다.

교사 자신과 학생들의 성향, 학교 건물 구조, 관리자의 성향, 동료 교사와의 관계, 지역 특색, 가정 배경, 교육정책 들은 상황에 다양한 영향을 미칩니다. 이러한 요소를 고려하면서 문제를 해결해 나가는 것은 인간생태발달론을 바탕으로 한 접근법이라고 할 수 있습니다. 문제에 영향을 미치는 모든 요소들을 고려하여 완벽한 사례를 한 번에 창조하기란 매우 어려운 일이므로 평화와 화목을 만드는 교사들에게 필요한 덕목은 '지치지 않는 것'이라고 할 수 있습니다. 실패했다면 자신을 탓하기보다는 무엇을 고려하지 못해서 실패했는지 생각해 보고 다른 방법을 찾으면 됩니다.

저는 2012년 고2 담임을 맡게 되면서 학년협의회에서 평화로운 교실을 만들기 위해 함께 노력하자고 제안하려 했습니다. 그런데 3월 중순에 처음 열린 학년협의회에서는 전달 사항만 얘기하는 데도 한 시간이 넘게 걸렸습니다. 이미 지칠 대로 지친 담임교사들에게 뭔가를 같이 해 보자고 제안하는 것은 무리겠다 싶어서 말을 꺼내 보지도 않고 바로 포기했습니다. 그 뒤로 뭘 해 볼까 궁리하다가 동아리 활동(이전에 계발 활동이라 부르던 것을 2009 개정교육과정에서 개정)에 '우정반'을 만들었습니다. 학급마다 한두 명씩 신청자를 받아서 평화와 우정에 관한 활동을 하고 〈우정 신문〉을 만들어 전교에 배포하면 평화를 소중히 여기는 학교 문화를 만드는 데 도움이 되리라 생각했습니다. 홍보물을 만들어 교실마다 붙이고 수업 시간엔 직접 소개도 했는데, 막상 동아리 활동을 조직하는 날 온 신청자는 딱 두 명이었습니다. 그래서 결국 우정반 개설도 실패하고 말았습니다. 다시 고민을 하다가 우리 반에서 〈우정 신문〉을 만들기 시작했습니다. 우리 반에서만 돌려보는 데 그치지 않고 신청을 받아 다른 담임교사들과 그 반 학생들에게도 보여 주었습니다.

이렇게 '성공하기 쉽지 않을 것이다'라고 생각하면 실패에 대한 부담을 덜 수 있고 실패하더라도 새로운 시도를 할 수 있습니다.

2부는 곽은주 선생님의 실천 사례가 없었다면 기존 학급운영 프로그램과 별 차이가 없었을 것입니다. 학급 목표 세우기, 학급 평화규칙 만들기, 진실과 화해 위원회, 1인 1역할의 재발견, 학급 발전 단계 점검, 인디언식 이름 만들기 등이 모두 곽은주 선생님의 실천에서 구체화 된 것입니다.

3부에서는 학교폭력이 발생했을 때 어떻게 해결해야 하는지 안내합니다. 교육과학기술부나 교육청에서 발간한 학교폭력 대처 매뉴얼은 대부분 교사의 역할을 최소화하거나 배제합니다. 이는 현행법이 교사의 역할을 인정하지 않기 때문입니다. 현행법에 따르면 교사가 할 일은 사안 발생을 인지했을 때 즉시 신고하는 것과 알게 된 사실에 대해 비밀을 유지하는 정도가 전부입니다. 정부에서 2013년 7월 23일에 발표한 〈현장 중심 학교폭력 대책〉에서는 교사의 역할을 제시하고 있긴 하지만 그 역시 매우 제한적인데다가, 법률이 아닌 교육부 지침 수준에 머물러 있어서 얼마나 법적 효력을 발휘할 수 있는지 의문입니다.

그러나 학교폭력을 해결하는 데서 가장 중요한 것은 담임교사의 역할입니다. 대부분의 폭력사건이 교실에서 일어나며 학급 모든 학생에게 영향을 미치기 때문에 가해학생, 피해학생만 지도해서는 문제를 해결할 수 없습니다. 학급 학생 전체를 지도해서 가해학생을 두려워하지 않도록 하고 피해학생을 무시하거나 놀리지 않도록 해야 비로소 문제를 해결했다고 할 수 있습니다.

이 책에서는 현행법의 한계 안에서 담임교사가 학교폭력 책임교사, 상담 교사와 협력해 학교폭력을 해결할 수 있는 방법을 안내합니다. 피해학생을 안심시키고 자초지종을 듣는 법, 주변 학생을 조사해 사실을 확인하는 법, 면담을 통해 가해학생이 가해 사실을 인정하게 하는 법, 학부모 면담법, 학급 학생 전체를 지도하는 법 들을 담고 있습니다.

3부는 학교폭력피해자가족협의회 회장인 조정실 님께 도움을 많이 받았습니다. 학교폭력 피해자의 부모이기도 한 조정실 님은 오랫동안 학교폭력 피해자 부모들을 도우면서 삶으로 터득한 내용들을 알려주었습니다. 이분이 아니었다면 가해학생과 피해학생 부모의 심리를 깊게 알기 어려웠을 것입니다.

4부에서는 피해학생을 치유하기 위한 글쓰기 지도 방법을 제시합니다. 피해학생과 얘기해 보면 고립감, 절망감 따위가 느껴집니다. 피해학생 대부분이 부모에게도 친구에게도 교사에게도 자기가 어떤 일을 당했는지, 그때 감정은 어땠는지 말하지 못하기 때문입니다. 피해학생들은 어디에서도 말하지 못했던 것을 털어놓는 것만으로도 심리적 위안을 얻습니다. 털어놓기에서 한 걸음 더 나아가 글쓰기를 하면 고통을 직면하게 되고 고통에 거리를 둘 수 있으므로 치유에 도움이 됩니다. 글쓰기를 지도하는 방법이 그다지 까다롭지 않으므로 선생님들께서도 시도해 보시기 바랍니다.

5부에서는 학교폭력을 해결하기 위한 교사의 상담은 어떠해야 하는지 이야기합니다. 학교 상담에서 학교폭력에 대한 상담이 차지하는 비중이 점차 커지고 있긴 하지만 여전히 학교 상담은 성격 상담, 진로 상담에 치중하는 듯합니다. 학교 상담에서 가장 중요한 것은 학교폭력에 대한 상담, 넓게 얘기하면 관계에 대한 상담입니다. 그것이 학생들이 가장 고통스러워하는 문제이기 때문입니다. 성격 상담과 진로 상담이 학생 한 명에 대한 상담이라면, 학교폭력에 대한 상담은 집단에 대한 상담이고 집단 속 개인에 대한 상담이라고 할 수 있습니다.

교사의 상담은 전문 상담 교사의 상담과는 다릅니다. 모든 교사가 전문적 상담 역량을 갖춘 것도 아니고 꼭 그럴 필요도 없습니다. 교사의 상담은 어떠해야 하는지, 도움이 되는 상담 이론에는 무엇이 있는지 안내하며 실제 상담 사례도 실었습니다.

상담 이론 중 '회복적 학생생활교육' 부분은 이경재 선생님이 한국평화교육훈련원에서 연수받은 내용을 정리해 준 것을 그대로 실었습니다.

최근 생활지도하기가 어렵다고 말하는 선생님들이 많습니다. 아무리 깨워도 잔다거나 잘못을 지적했더니 학생이 욕을 했다거나 지도에 따르기를 거부했다거나 선생님을 조롱했다는 얘기가 심심치 않게 들립니다. 6부에서는 생활지도가 왜 점점 더 어려워지는지, 그것이 학교폭력과는 어떠한 관련이 있는지 살피고 어려움을 극복하기 위해 교사 개인이 할 수 있는 것과 학교 차원에서 할 수 있는 것을 제시합니다.

평화로운 세상을 함께 꿈꿉시다

세상에 절망이 가득합니다. 구조적, 제도적 폭력이 사람들을 고통스럽게 할 뿐만 아니라 사람들도 서로에게 폭력을 행합니다. 세상이 이런데 어찌 학교가 평화로울 수 있을까요? 그래서 어떤 사람들은 학교폭력 없는 평화로운 학교가 가능하겠냐고 회의적으로 말하기도 합니다. 학교폭력이 우리나라뿐만 아니라 세계에서도 문제가 되고 있는 것을 보면 학교폭력은 현대 문명이 갖고 있는 근본적인 문제에 뿌리를 두고 있는지도 모르겠습니다. 그렇다면 평화로운 학교, 평화로운 세상은 불가능한 것일까요?

우리는 그렇게 생각하지 않습니다. 따돌림사회연구모임 선생님들과 함께 10년 남짓 연구 실천해 오면서 학교폭력 없는 평화로운 학교가 가능하다는 확신을 갖게 되었습니다. 학교는 학생들이 자기 마음 밭에 자라는 평화의 싹을 발견하고 잘 가꾸어 갈 수 있도록 가르쳐야 합니다. 경쟁과 증오의 싹이 마음 밭을 점령하기 전에 평화의 싹이 튼튼한 나무가 되어 숲을 이루도록 교육해야 합니다. 세상의 평화는 학교에서부터 만들어야 하고 만들 수 있습니다. 학교폭력을 해결하는 것이 평화로운 세상 만들기의 시작입니다. 함께 평화로운 학교 만들기에 나서 주시기를 제안합니다.

2013년 2월
학교 평화 게릴라 박종철

1부

학교폭력
바로 보기

학교폭력에 대한 흔한 오해들

애들은 싸우면서 크는 거다?

누구나 성장하면서 갈등을 겪고 그것을 해결하는 과정에서 성장한다. 그래서 "애들은 싸우면서 크는 거지"라는 말도 생겼을 것이다. 그런데 학교폭력이 발생했을 때 이 말을 쓰는 사람은 대개 가해학생의 부모이다. 가해학생의 부모가 이렇게 말하는 이유는 뻔하다. 가해 행동을 대수롭지 않은 것으로 만들어 처벌을 피하기 위해서이다.

그러나 학교폭력은 평등한 친구 사이에서 발생한 우발적 싸움과는 질적으로 다르다. 학교폭력은 피해학생을 지속적으로 고립시키고 다수의 학생들 앞에서 자존감을 무너뜨린다. 동등한 친구들 사이의 싸움은 때로 성장의 밑거름이 되지만, 학교폭력은 가해학생에게는 폭력적 관계 맺기가 몸에 배게 만들고 피해학생에게는 크나큰 상처를 남긴다(동등한 친구들 사이의 싸움도 그로 인해 불평등한 관계가 만들어지면 학교폭력의 시발점이 될수 있다).

교사가 '애들은 싸우면서 크는 거지'라고 생각한다면, 은연중에 가해학생을 두둔하고 피해학생에게 상처를 줄 가능성이 있다. 교사가 학교폭력을 대수롭지 않은 일로 여기면, 가해학생은 자기 행동에 문제가 없다고 생각하고 피해학생을 더욱 괴롭히게 될 것이다. 또한 피해학생은 교사가 자기를 '별것도 아닌 일로 예민하게 구는 아이'로 본다고 여길 것이고, 더 큰 상처를 입게 될 것이다. 단순한 다툼, 우발적 싸움은 거의 없다고 봐야 한다. 학교폭력이 심해지는 과정에서 폭행이 일어날 수도 있고 싸움을 계기로 학교폭력이 시작될 수도 있다.

피해자에게도 무슨 문제가 있다?

때로 사람들은 피해자에게 어떤 문제가 있어서 따돌림이나 폭력을 당한다고 생각한다. 그런 경우가 없는 것은 아니지만, 그것이 본질은 아니다. 피해자에게 문제가 있어도 과거의 학교폭력 피해 때문에 그런 문제를 갖게 되었을 가능성이 있다.

어떤 학생은 단지 키가 크다는 이유로 따돌림을 당하기도 했으며, 반대로 키가 작다는 이유로 따돌림을 당한 학생도 있다. 내성적인 성격이나 외모 등이 폭력의 이유가 되는 경우도 많다.

학생들은 때로 타인에게 인정받고자 하는 욕망을 건전하게 풀려고 하기보다 권력을 획득하는 것으로 풀려고 한다. 다른 사람보다 자기가 우위에 있다는 것을 증명하기 위해 따돌림이나 폭력의 대상을 찾는다. 어떤 학생이 따돌림이나 폭력의 피해자가 되었다면, 그것은 그 학생이 가지고 있는 문제 때문이라기보다는 가해학생들이 피해학생에게서 따돌림이나 폭력의 구실을 찾아낸 것이라고 보아야 한다. 설사 피해학생에게 어떤 문제가 있어서 따돌림이나 폭력이 발생한 것이라고 하더라도 그 문제가 따돌림이나 폭력 행위를 정당화해 주는 것은 아니다. 문제를 해결하는 평화로운 방법도 얼마든지 있기 때문이다.

교사가 피해학생에게도 문제가 있어서 사건이 일어났다고 생각하면, 피해학생이나 그 부모에게 상처를 주는 실수를 범할 수 있다. 피해학생에게 어떤 문제가 있다면, 그것이 가해 행동을 정당화하는 근거로 이용되지 않도록 조심해야 하며 피해학생과 그 부모가 문제를 인정하고 치유할 수 있도록 도와야 한다.

우리 반에는 학교폭력이 없다?

"우리 반에는 학교폭력이 없어." "우리 학교에는 학교폭력이 없어." 이런 믿음은 교사와 학교가 빠지기 쉬운 함정이다. 특히 고등학교의 경우 초등학교나 중학교에 비해 겉으로 드러나는 폭력 사건이 적다 보니 학교폭력이 없다고 생각하기 쉽다. 그러나 드러나는 양상이 다를 뿐 고등학교에도 학교폭력은 있다. 일반계는 일반계대로, 특성화(전문계) 학교는 그 나름대로 다른 모습으로 나타나며, 지역 특성에 따라서도 다르게 드러난다. 학교폭력이 있는지 없는지를 판단하려면 어디까지가 학교폭력인지를 알아야 하며, 교사 눈에 보이지 않는 폭력이 있지는 않은지 세밀하게 살펴야 한다. 그러므로 우리 반에는 학교폭력이 없다고 확신하는 것보다는 '우리 반에도 학교폭력이 있을 수 있다'고 생각하는 편이 낫다.

많은 학교폭력이 심각해지기 전에는 눈에 보이지 않는 경우가 많다. 왜 어른들에게는 학교폭력이 쉽게 보이지 않는 것일까?

첫째, 어른들이 자신의 학창 시절을 떠올리면서 학교폭력을 성장 과정의 통과의례쯤으로 생각하기 때문이다. 우발적 다툼과 학교폭력은 학생들에게 미치는 영향의 정도가 매우 다르다. 그러나 겉으로 드러나는 모습은 별 차이가 없다 보니, 세심히 관찰하고 맥락을 들여다보지 않으면 단순한 싸움으로 보일 수 있다.

둘째, 교사의 관심 영역 밖에서 문제가 생길 때가 많기 때문이다. 교사는 대개 학생의 성적, 성실성, 고분고분한 태도 따위에 관심을 둔다. 그 교사의 관심 영역 바깥에 학생들이 관심을 가지는 또 다른 영역이 있다. 외모, 유머, 싼티(또는 부티), 메이커, 유행, 최신형 스마트폰, 아이패드, 힘, 돈 들을 얼마나 가지고 있는가가 그것이다. 이는 '매력' 혹은 '권력'으로 학생들 사이에서 중요한 의미를 갖는다. 이러한 영역에서 권력을 얻고 잃는 과정이 학교폭력으로 연결되는 경우가 많다.

셋째, 가해학생뿐만 아니라 피해학생 역시 연기를 할 때가 많기 때문이다. 가해학생은 폭력을 흔히 장난으로 위장하며, 피해학생은 보복에 대한 두려움과 피해학생임을 인정하고 싶지 않은 마음 때문에 별일 아닌 것처럼 위장한다.

넷째, 주변 학생들이 침묵하기 때문이다. 학교폭력은 대개 학급 안에서 일어난다. 가해학생은 피해학생을 괴롭혀 학급 내 권력관계에서 우위를 점하기 위해 폭력 장면을 주변 학생들에게 의도적으로 노출하거나 소문을 낸다. 폭력을 목격한 누군가가 교사에게 도움을 요청한다면, 그 학생은 폭력의 대상이 되거나 적어도 비난받을 가능성이 높다. 그 때문에 피해학생을 보며 안타까운 마음이 들더라도 교사에게 도움을 요청하지 않는다.

눈에 보이는 폭행이나 괴롭힘, 따돌림만이 학교폭력인 것은 아니다. 눈에 보이지 않는 폭행이나 괴롭힘 또는 따돌림이 있는지 잘 살펴야 하며, 본격적인 학교폭력의 전 단계로써 집단 간 긴장이 있거나 외톨이로 지내는 학생이 없는지 파악해야 한다.

학교폭력에 대한 담론들

피해학생과 가해학생의 개인적 특성 때문이다?

학교폭력의 원인을 가해학생이나 피해학생의 개인적 특성에서 찾기도 한다. 최근에는 이런 경향이 줄어들기는 했으나 여전히 이러한 시각에서 바라보는 사람들이 많다. 가해학생이 애정 결핍으로 폭력성을 갖게 되었다든지, 잘난 척하거나 외모가 지저분한 피해학생에게 문제가 있다든지 하는 진단이 대표적이다. 가해학생이나 피해학생의 개인적 특성이 영향을 미치는 것은 맞지만, 그것이 학교폭력의 주된 원인이라고 말하는 것은 적절치 않다. 개인적 특성에서 학교폭력의 원인을 찾게 되면 그런 특성을 갖고 있지 않은 가해자와 피해자가 많다는 것을 설명할 수 없다. 또한 그런 특성을 가진 학생이 늘어나는 사회에서 원인을 찾기보다는 학생 개인이나 부모에게 책임을 돌리게 된다.

뒤에서 밝히겠지만 학교폭력은 가해자와 피해자만으로 성립되지 않는다. 대부분 폭력은 지켜보는 학생들이 있는 가운데 벌어진다. 이는 불평등한 권력 구조 속에서 폭력이 발생한다는 것을 뜻한다. 가해자가 폭력을 사용하는 이유는 단지 폭력적 성향을 갖고 있기 때문이 아니다.

가정이 교육 기능을 잃었기 때문이다?

가정이 교육 기능을 상실하면서 학교폭력이 심각해졌다고 지적하는 사람들이 있다. 이렇게 주장하는 사람들은 흔히 부모가 자식을 방치하거나 이기적으로 키우면서 학교폭력이 발생했다고 말한다. 이런 주장의 사회적 근거로 핵가족화와 부모의 맞벌이를 든다. 핵가족화 이전에는 아이들이 있는 곳이라면 부모가 아니어도 친척 어른, 조부모, 동네 어른이 늘 아이들 주변에 있었기에 자연스럽게 공동체의 질서와 윤리를 배울 수 있었지만, 핵가족화 이후에는 부모만이 그 역할을 해 왔으며 그마저도 맞벌이 부부가 늘어나면서 어려워졌다는 것이다. 실제로 부모가 일을 나가고 비어 있는 집에서 폭력 사건이 종종 발생한다는 것이 이러한 주장을 뒷받침해 준다.

앞으로 연구를 통해 가정의 교육 기능 상실과 학교폭력 사이에 어떤 상관관계가 있는지 과학적으로 증명해야겠지만, 둘 사이에 상관성이 있으리라 짐작된다. 문제는 가정의 교육 기능 상실을 지적하는 사람들이 "부모가 바뀌어야 한다"라고 주장하는데, 이것이 가능하겠냐는 것이다. 이 말이 맞는 말이긴 하지만 실제로 부모들이 그렇게 바뀔 가능성은 별로 높지 않다. 이 땅의 대다수 부모들이 반성하기도 어렵고 결심하기도 쉽지 않지만, 사회구조나 문화적 토대가 바뀌지 않는 한 부모가 그런 역할을 하기가 어렵기 때문이다.

이와 관련해서 핀란드의 교육 현실은 우리에게 시사점을 던져 준다. 핀란드의 한 초등학교 교장선생님께 들으니 핀란드에는 한부모 가정 자녀가 많다고 한다. 그렇다면 핀란드도 가정이 교육 기능을 하기 어려울 거라고 짐작할 수 있다. 그런데 핀란드에서는 폭행 수준의 학교폭력은 많지 않다고 한다. 물론 따돌림은 일어나며 학부모들이 그에 대해 걱정이 많은 것도 사실이지만, 한국만큼 심각한 수준은 아니라는 것이다.

핀란드와 한국은 왜 이런 차이를 보이는 것일까? 그것은 아마도 전통 사회에서 가정이 했던 역할의 상당 부분을 학교가 담당하기 때문이 아닐까 싶다. 가정의 교육 기능은 사회가 강제할 수 있는 부분이 아니다. 그러나 학교교육의 목표, 내용, 방법 등을 어떻게 할 것인가는 사회적 통제가 가능하다. 핀란드는 교사 양성 과정에서도 생활지도를 비중 있게 다루며 학교 교육과정에서도 이를 매우 중시한다고 한다. 교과 교육과정 중심, 그중에서도 영어, 수학 중심인 우리와는 상당한 차이가 있다.

입시 경쟁 교육 때문이다?

한국 사회의 유례없는 입시 경쟁이 학교폭력의 근본적인 원인이라고 지적하는 사람들이 많다. 이는 프리츠 반델Fritz Wandel이 독일 학교에서 나타나는 병리 현상의 원인으로 '능력주의 학교에서의 소외 현상'을 지적한 것과 같은 맥락이라고 할 수 있다.[1] 그에 따르면 학습은 더 높은 학벌을 얻기 위한 수단일 뿐 학생들은 자신이 배우는 내용으로부터 소외되어 있다. 성공할 가능성이 높은 소수를 제외하면 대다수가 실패하므로 학습 동기가 생기지 않는다. 학습으로부터 한번 멀어지기 시작하면 학습 결손이 누적되어 무기력도 깊어진다. 어떤 학생들은 우울증에 빠지거나 외부를 향해 분노를 표출하기도 한다.

학벌 사회를 유지하기 위한 입시 경쟁은 수많은 교육 문제에 원인을 제공한다. 입시 경쟁에서 승리하는 것이 지상 과제가 되면서 교육과정 운영의 파행이 광범위하게 나타나고 있고, 고3 교실은 수능 이후 엉망이 된다. 학생 인권 침해도 입시 경쟁의 효율성을 위해서 불가피한 것으로 정당화되어 왔다. 학생들에게서 나타나는 병리 현상도 과도한 입시 경쟁에 의해 나타난 것이라고 볼 수 있다. 공부를 강요하는 엄마를 살해한 어느 고3 학생의 이야기는 입시 경쟁이 불러온 비극의 극단을 보여 준다.

그러나 학교폭력은 1990년대 중후반 이후 본격적으로 심화되었다. 한국의 입시 경쟁은 분명히 학교폭력에도 악영향을 끼쳤을 것이지만, 그 역사가 훨씬 오래전부터 시작되었다는 점을 생각해 보면 입시 경쟁이 핵심적이거나 근본적인 원인이라고 보기는 어렵다.

그렇다면 입시 경쟁이 심각하지 않은 나라의 상황은 어떨까? 정도의 차이가 있고 나타나는 양상도 다르지만 독일, 핀란드, 프랑스, 노르웨이 등 다수의 유럽 국가에서 학교폭력이 문제로 나타나고 있다. 프리츠 반델은 독일 학교에서도 그 같은 문제가 발생하고 있음을 보고했고, 칸 영화제에서 황금종려상을 받기도 한 영화 〈더 클래스The Class〉는 교사를 상대로 말꼬투리 잡기, 수업 내용과 관련 없는 질문으로 분위기 망치기, 관심 끌기 위해서 소동 일으키기, 어리숙한 친구 비난하기 등 프랑스 교실에서 일어나는 문제를 다큐멘터리 형식으로 보여 줘 공감을 불러일으켰다. 앞서 핀란드에서는 폭행 수준의 학교폭력은 별로 없다고 했지만, 따돌림은 흔히 있는 일이며 그래서 학부모들이 걱정이 많다고 한다. 노르웨이도 학교폭력을 해결하기 위한 국가 차원의 노력을 계속하고 있다.

이처럼 학교폭력이 전 세계적으로 광범위하게 나타난다는 것은 현대 문명 또는 사회 체제가 공통적으로 갖고 있는 어떤 문제로 인해 학교폭력이 일어날 가능성이 큼을 암시한다.

입시 경쟁을 핵심 원인으로 지적하려면 과학적 근거를 갖춰야 한다.

입시 교육과 학교폭력의 직접적 연관관계를 밝혀야 하는 것이다. 경쟁이 폭력성을 증가시킨다는 연구 결과도 있다지만, 폭력성의 증가가 "집단화된 폭력에 의한 피해자의 고립"이 특성인 학교폭력의 증가로 직접 이어진다고 말하기는 어렵다. 과학적 근거 없이 입시 교육을 원인으로 지적하는 것은 학교폭력을 해결하는 데도 큰 도움이 안 되고 "답 없는 빤한 얘기"로 비칠 수밖에 없다. 입시 경쟁이 핵심 원인이라면 입시 경쟁이 심할수록 학교폭력도 심해져야 한다. 즉, 고3 교실에서 문제가 가장 심각하게 드러나야 하는 것이다. 그러나 현실은 그렇지 않다.

한편 입시 경쟁이 학교교육의 주된 목적이 되면서 자치활동이나 동아리 활동 등 다양한 학생 활동이 차단되고, 이것이 학교폭력의 해결을 어렵게 하는 게 아니냐는 지적이 있다. 맞다. 입시 경쟁을 위해 구조화된 학교 체제로는 학교폭력을 해결하기 어렵다. 그런데 이는 학교폭력을 예방하고 해결하기 어렵게 하는 조건이지, 그 자체로 학교폭력의 원인이라고 할 수는 없다. 이상의 내용을 종합해 볼 때 입시 경쟁이 학교폭력의 핵심적 또는 근본적인 원인이기보다는 여러 원인 가운데 하나라고 보는 것이 적절할 것이다.

한국에서 학교폭력이 더 심각해진 까닭

정부의 무책임과 실효성 없는 대책

한국에서 학교폭력이 점점 더 심각해지는 악순환 사이클이 있다. 이 악순환 고리의 핵심에 정부의 무책임과 실효성 없는 대책이 있다.

정부는 그간 두 차례의 '학교폭력 예방 및 대책을 위한 5개년 계획'을 수립하고 시행해 왔다. 현재 2010년 2차 계획을 실행한 지 4년째에 접어들고 있다. 5개년 계획 이외에도 정부는 학교폭력이 이슈화될 때마다 대책을 발표했다. 그러나 이전 대책에 대한 평가와 책임지는 자세 없이 수많은 대책을 나열할 따름이었다. 매번 대책을 내놓을 때마다 비슷한 대책을 반복하거나[2] 알맹이 없는 정책을 남발하는 이유는 정책을 수립하는 데 관여한 사람들이 다시 그 정책을 평가하기 때문이다. 일례로 정부는 대책을 발표할 때마다 인성 교육을 강화하겠다고 했지만, 그동안 무엇이 달라졌는가! 1차 5개년 계획에 대한 평가에서 CCTV, 배움터 지킴이 들을 실효성 높게 평하며 2차 계획에서 이를 더욱 확대했지만, 실제로 그것이 학교폭력을 줄이기는커녕 엉뚱한 데 돈을 낭비한 결과만 낳

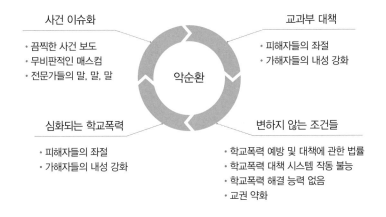

사건 이슈화

• 끔찍한 사건 보도
• 무비판적인 매스컴
• 전문가들의 말, 말, 말

교과부 대책

• 피해자들의 좌절
• 가해자들의 내성 강화

악순환

심화되는 학교폭력

• 피해자들의 좌절
• 가해자들의 내성 강화

변하지 않는 조건들

• 학교폭력 예방 및 대책에 관한 법률
• 학교폭력 대책 시스템 작동 불능
• 학교폭력 해결 능력 없음
• 교권 약화

교과부 대책의 악순환 사이클

았다.

  정부의 무책임한 자세는 결국 모든 책임을 교사와 학교에 집중되도록 했으며, 과중한 수업과 업무에 시달리는 교사들이 학교폭력에 적극적으로 대처하지 못하도록 했다. 2012년 2월 6일에 발표한 '학교폭력 근절 종합 대책'에서 정부는 학교장과 교사의 역할 및 책임, 학부모의 책무성을 높이고, 교육청에 대한 평가를 강화하겠다고 했다. 그러나 정부 자신은 그동안 해 왔던 일에 대해서 평가받지 않거나 형식적인 평가만 받아왔으며, 이 대책에서도 정부에 대한 평가 시스템은 없었다.

학교폭력 예방 및 대책에 관한 법률의 문제

  현행법은 수많은 문제점을 안고 있다. 학교폭력의 정의는 일부 내용을 제외하면 형사법에서 다루고 있는 범죄 내용과 별반 다르지 않아 시시

각각 변하는 학교폭력에 대처하기 어렵다.[3] 현행법에는 가해학생에 대한 조치권이 학교폭력대책자치위원회에만 있어 담임교사가 일상에서 지도 및 조치를 통해 더 큰 폭력을 예방하는 것이 불가능하다. 물론 학교폭력 대책자치위원회에 회부하지 않고 처리할 수 있는 경우가 있기는 하지만 판단하기 애매하고 극히 제한적으로만 허용된다. 그나마도 담임교사의 역할은 배제하고 전담기구만이 처리할 수 있다.

이런 현행법의 문제는, 학교폭력의 특성상 학생들 대부분이 사건을 알고 있음에도 학교에서는 비밀을 유지하게 하여 가해자의 보복이 쉽게 일어나게 한다. 또 교사에게는 신고 의무만 지우고 그 외의 역할을 인정하고 있지 않아 교사들이 문제를 회피하게 만든다.

이처럼 현행법은 학교폭력을 예방하고 해결하는 데 도움이 되는 것이 아니라 오히려 걸림돌이 되고 있다.

교육 상품화와 사회 양극화

1995년 5·31 교육개혁안은 교육의 시장화를 선포하는 것이었다. 이때부터 교사는 공급자, 학생과 학부모는 소비자로 규정되었다. 소비자는 학교와 학원을 비교하기 시작했고, 시장화를 주도한 세력은 차등성과급과 교원평가제 들을 도입해 학교와 교사에 대한 불신을 키웠다. 학교와 교사의 권위 상실은 학교폭력 가해학생이나 그 부모가 학교와 교사에게 책임을 덮어씌우기 쉽게 했다. 공격받는 교사는 피해자 편에 서서 문제를 해결하기 어렵게 되었다.

학교폭력이 심해진 원인에는 사회 양극화도 있다. IMF 사태는 사회가 신자유주의로 들어서는 것을 빠르게 했다. IMF 이전에는 입시 경쟁이 심했어도 먹고사는 문제 자체가 지금처럼 심각하게 위협받지는 않았다. 학벌에 따른 차별은 있었지만 취직하는 것이 어렵지는 않았다. 그러나 IMF 이후에는 소위 명문대를 졸업해도 취직하기가 어려웠고, 교육을 통해 안정적 생활을 유지하기 더욱 힘들어졌다.

성공할 가능성이 희박해지니 일찌감치 학업을 포기하는 학생도 늘었다. 경제적 안정이 흔들리니 가정의 평화가 깨지는 경우도 많았고, 이러한 가정의 학생들은 정서적 지지를 받지 못하고 자라게 되었다. 하루 종일 자는 등 무기력한 학생이 많아졌고, 친구를 괴롭히거나 따돌리는 데 힘을 쏟는 학생이 늘었다. 교사에 대한 불신은 교사를 공격하는 행동으로 나타났다. 최근 한 TV 프로그램[4]에서는 캐나다 사회심리학자의 연구 결과를 소개했는데, 소득 불평등이 심한 국가일수록 학교폭력도 심각하다는 것이었다.

폭력 문화와 선정적 언론

반두라A. Bandura는 실험을 통해 아동이 타인의 폭력적 행동을 관찰하고 모방한다는 것을 증명했는데, 특히 폭력 행위에 대해 칭찬받는 것을 보았을 때 모방의 정도가 더 강해진다는 것을 보여 주었다. 그러므로 은연중에 폭력을 미화하는 영화 들은 폭력에 대한 도덕적 판단을 흐리게 할 뿐만 아니라 폭력이 점점 더 잔인해지는 데 영향을 미친다고 볼 수 있다. 폭력 문화가 학교폭력의 특징인 집단성, 피해자의 고립에 직접적 원인을 제공했다고 하긴 어렵지만, 폭력의 잔인성에는 심각한 영향을 미쳤다고 할 수 있다.

폭력적 영화들은 공통적으로 폭력을 인간의 본능이라고 전제한다. 그러면서 흥행에 성공하기 위해 더 잔인한 폭력을 보여 준다. 자본은 게임 산업, 영화 산업의 육성이라는 그럴듯한 명목 아래 폭력적 게임이나 영화를 많이 만들어 냈고, 문화 운동을 하는 사람들은 표현의 자유라는 이름으로 이를 묵인해 왔다. 그 결과 폭력에 대한 불감증이 확산되고 폭력으로 문제를 해결하는 방식이 정당화되었다. 이는 학생들에게 폭력적인 방식으로 인정욕망을 추구해도 된다는 생각을 갖게 했다.

언론이 선정적으로 보도하는 태도도 폭력의 잔인성에 영향을 미쳤을 것이다. 폭력 상황을 지나치게 자세히 묘사함으로써 모방 폭력을 부추기는 것이다. 일산 졸업식 뒤풀이 사건이 보도된 뒤 비슷한 사건이 여러 차례 발생했다는 것이 이 같은 진단을 뒷받침해 준다.

앞으로 폭력 문화, 언론의 선정적인 보도 태도와 학교폭력 사이의 연관성에 대한 더 많은 연구가 필요하다.

학교폭력이란 무엇인가

학교폭력이 일어나는 근본 이유

인간에게는 타인에게 인정받고자 하는 욕망이 있다. 독일의 철학자 악셀 호네트Axel Honneth는 미국의 사회심리학자 조지 허버트 미드George Herbert Mead의 말을 인용하면서, 인간이 자기 정체성을 형성하는 과정에 타인의 인정이 필연적으로 작용한다고 이야기한다.

우리는 흔히 학교 제도, 학부모의 통제나 기대, 교사의 통제 들이 학생이 진정으로 원하는 것을 가로막는다고 생각한다. 그러므로 그러한 기대나 통제를 걷어냄으로써 자아실현이 가능하다고 여긴다. 그러나 호네트는 인간은 스스로 원하는 것(주격 '나')과 자기에 대한 기대나 평가(목적격 '나')의 긴장 관계 속에서 자기 정체성을 형성한다고 말한다. 인간은 외부의 평가나 기대에 자신을 맞추거나 스스로가 원하는 것을 타인이 인정하게 하려는 존재, 곧 '인정투쟁'을 하는 존재라는 것이다.

인정욕망이 좌절될 때 인간은 상처를 받는데, 그것이 바로 수치심이다. 수치심은 심해지면 타인에 대한 적개심으로 변하고 이것이 폭력으로 드러난다. 가해자는 폭력을 통해 인정욕망을 충족하려 한다. 자신의 폭력을 정당화하고 동조자를 모으며, 동조하지 않는 사람이라 하더라도 최소한 피해자 편에는 설 수 없게 하여 피해자를 고립시킨다.

인정욕망은 교사나 학교가 강제로 억제할 수 있는 것이 아니다. 성인들도 자기가 맺는 관계 속에서 늘 인정받기를 원한다. 좋은 아빠, 좋은 아내, 좋은 선생님, 좋은 친구, 뛰어난 업무 능력…….

인정욕망을 강제로 억제할 수 없다면 우리가 할 수 있는 일은 아무것도 없을까? 그렇지 않다. 인정욕망을 긍정적인 방향으로 돌려 주면 된다. 물론 쉬운 일은 아니다. 어른들 사회가 인간이 가진 모든 재능의 가치를 같은 무게로 인정하지 않듯이, 학생들 사회에서도 어떤 특성은 인정받지만 어떤 특성은 인정받지 못하기 때문이다. 담임교사가 할 수 있는 일은 학생들이 가지고 있는 재능이 다른 학생들로부터 인정받을 수 있는 기회를 많이 부여하는 것이다. 그리고 학교는 성적 향상, 용의복장 지도에만 열을 올릴 것이 아니라 학생 자치활동, 동아리 활동을 활성화해 더 많은 학생들이 인정욕망을 긍정적으로 발산할 수 있도록 유도해야 한다.

학교폭력의 구조

학교폭력은 가해자와 피해자만으로 성립되지 않는다. 가해학생이 피해학생에게 폭력을 사용하는 이유는 폭력을 통해 인정받으려 하기 때문이다. 그러므로 학교폭력은 가해학생과 피해학생 사이에서 은밀하게 일어나는 경우가 거의 없으며, 주변 학생들에게 의도적으로 노출되고 빠르게 전파된다. 이 과정에서 피해자는 철저히 고립되는데, 이 때문에 피해자가 입는 심리적 상처가 큰 것이다.

학교폭력을 이해하려면 첫째, 학생들의 불평등한 권력관계를 알아야하고 둘째, 폭력이 발생할 때 학생들이 어떤 태도를 취하는지 알아야 한다. 학생들은 폭력을 통해 불평등한 권력관계를 형성하고, 불평등한 권력관계는 다시 폭력을 만들어 낸다.

학생 사이의 불평등한 권력관계는 피라미드 형태를 띨 수도 있고, 그룹 간 길항 관계로 표현될 수도 있다. 피라미드 아래쪽에 위치한 학생이 피해자가 될 수도 있고, 어떤 그룹에도 속하지 못하는 학생이 피해자가 될 수도 있다. 그룹 안에서도 불평등한 권력관계가 형성되고 가해자와 피해자가 발생한다. 권력관계의 가장 아래에 위치한 학생은 피해자이지만, 중간쯤에 위치한 학생은 피해자이자 가해자다.

교사들은 이 구조에 교사도 포함된다는 것을 잘 모르는데, 이를 아는 것이 매우 중요하다. 교사가 방관하느냐 적극적으로 개입하느냐에 따라 권력 구조가 공고해질 수도 있고 느슨해지거나 해체될 수도 있다. 학생들 가운데는 권력관계에서 우위를 점하기 위해 교사를 희생양으로 삼는 경우도 있다. 교사가 방관하는 것도, 개입하는 것도 권력 구조에 영향을 미치므로 교사 역시 구조의 일부라고 할 수 있다.

학교폭력이 발생할 때 어떤 태도를 취하느냐에 따라 학생들을 가해자, 방관자, 피해자로 나눌 수 있다. 이를 더 구체적으로 분석하면 '(배후교사자) – 가해자 – 동조자 – 무관심적 방관자 – 관심적 방관자 – 피해자'로 구조화할 수 있다. 사안에 따라서 배후교사자는 있을 수도 없을 수도 있다. 방관자는 무관심적 방관자와 관심적 방관자로 나눠 볼 수 있는데, 무관심적 방관자는 사안 자체에 대해 무관심한 태도를 보이는 방관자이고, 관심적 방관자는 가해자의 행동이 옳지 않다고 생각하지만 개입할 경우 자신도 피해자가 될 수 있기 때문에 방관하는 경우이다.

학교폭력의 재개념화

어떤 학생에게 급히 알려 줘야 할 것이 있어서 교실에 갔다. 마침 교실에서는 남학생 몇 명이 레슬링 놀이를 하고 있었다. 교사는 놀이가 과열되면 싸움이 될 수도 있다고 지적하며 하지 말라고 한 뒤 교실에서 나왔다. 교사가 보기에 단순한 놀이였던 이 장면은 나중에 알고 보니 놀이로 위장된 폭력이었다.

놀이(장난)와 학교폭력, 우발적 폭력과 학교폭력은 어떻게 다를까? 학교폭력의 개념을 정확히 이해하지 못하면, 학교폭력이 아닌 것을 학교폭력으로 규정하거나 학교폭력을 놀이(장난)라며 대수롭지 않게 넘길 수 있다.

현행법은 학교폭력을 어떻게 정의 내리고 있을까? '학교폭력 예방 및 대책에 관한 법률' 제2조 1항은 학교폭력을 다음과 같이 정의하고 있다.

'학교폭력'이란 학교 내외에서 학생을 대상으로 발생한 상해, 폭행, 감금, 협박, 약취·유인, 명예훼손·모욕, 공갈, 강요·강제적인 심부름 및 성폭력, 따돌림, 사이버 따돌림, 정보통신망을 이용한 음란·폭력 정보 등에 의해 신체·정신 또는 재산상의 피해를 수반하는 행위를 말한다.

법에서 나열하고 있는 "상해, 폭행, 감금, 협박……" 등은 학교폭력을 정의한 것이라기보다는 종류를 열거한 것이라고 할 수 있다. 이 가운데 '따돌림', '사이버 따돌림'을 제외하고는 형사법에서 다루고 있는 범죄 유형과 다르지 않은데, 이는 학교폭력의 특성을 전혀 반영하지 못하는 것이다. "학교 내외에서 학생을 대상으로 발생한"이라는 구절이 그나마 정의에 가깝다고 할 수 있는데, 이것도 학교폭력의 본질과는 거리가 멀다. 이 정의에 따르면 '학생을 대상으로' 부모가 가한 폭력도 학교폭력이라고 봐야 한다. '학생을 대상으로' 탈학교 청소년이 가한 폭력도 학교폭력으로 봐야 하며, 학생 간에 발생한 우발적인 싸움도 학교폭력으로 규정해야 한다.

법이 학교폭력에 대해 잘못 정의하고 있기 때문에 이러한 혼란과 분쟁을 일으키고 있다. 교사는 어떤 상황을 두고 그것이 학교폭력인지 아닌지 헷갈려 하며, 가해학생과 그 부모는 학교폭력이 아니라 단순한 장난이라고 우긴다. 따돌림사회연구모임의 김경욱은 이러한 혼란을 바로잡기 위해서는 학교폭력에 대한 기존의 정의를 버리고 새롭게 정의해야 한다고 하면서 이를 "학교폭력의 재개념화"라고 표현했다.[5]

학교폭력이란 학교에서 맺어진 인간관계를 토대로 학생 간에 발생하는 폭력이다.[6] 이를 좀 더 자세히 풀면, 동일 학교를 매개로 한 인간관계 속에서 1인 혹은 그 이상의 학생이 다른 학생에게 행하는 폭행, 괴롭힘, 따돌림과 부적응, 고립 등이 다수에게 공유되는 상황을 학교폭력이라고 한다. 그리고 이러한 상황이 반복되거나 장기간 계속되는 것을 말한다.[7]

이 정의를 바탕으로 학교폭력의 핵심적 특징을 정리하면 첫째, 학교폭력이 벌어지는 장소는 학교 안일 수도 있고 밖일 수도 있다. 폭력이 학교에서 맺어진 인간관계를 바탕으로 일어났다면 학교 밖에서 벌어진 폭력도 학교폭력이다.

둘째, 학교폭력은 집단성을 특징으로 한다. 여기서 집단성이란 집단적 행위와 집단적 상황을 모두 포함한다. 한 학생이 폭력을 행사하고 다수가 이를 방관하더라도 방관적 분위기 자체가 피해학생에게는 폭력적이기 때문에 집단적 상황도 포함하는 것이다.[8]

셋째, 직접적인 폭력 행위가 없더라도 사회적 관계를 단절시키거나 고립감을 느끼게 하는 폭력적 상황이 전개된다면 이는 학교폭력이다. 폭행, 괴롭힘은 직접적 폭력 행위에 의한 학교폭력이고 따돌림, 고립, 두려움을 느끼게 하는 상황도 학교폭력이라고 할 수 있다.

넷째, 우발적, 충동적으로 발생한 폭력은 학교폭력이 아니다. 학교폭력은 지속성과 반복성을 띠기 때문이며, 단순한 갈등으로 나타나는 폭력이 아니기 때문이다. 예를 들어 평소에 친하게 지내던 친구끼리 장난을 치다가 싸움이 발생했다면 이는 학교폭력이 아니라 단순 폭행이다. 다만 이 싸움을 계기로 한쪽 당사자가 지속적인 폭행, 괴롭힘, 따돌림, 고립을 당하게 된다면 학교폭력이라고 할 수 있다.

학교폭력의 4가지 유형

학교폭력은 심각성에 따라서 폭행, 괴롭힘, 따돌림, 고립으로 나눌 수 있고 이는 다시 개인 주도에 의한 것, 소집단 주도에 의한 것, 불특정 다수에 의한 것, 해석에 의한 것으로 나눌 수 있다. 여기서는 심각성에 따

른 유형만 이야기해 보겠다. 그 유형은 다음과 같다.[9]

- **폭행** 때리거나 물건을 훔치거나 기물을 파괴하거나 빼앗는 행위, 성폭행, 법적 처벌을 받을 수 있는 가혹 행위 등이 폭행에 속한다. 이는 형사법으로 처벌이 되는 범죄적 폭행과 기타 방법으로 처벌 가능한 폭행으로 나눌 수도 있다.
- **괴롭힘** 욕 하기, 심부름 시키기, 나쁜 소문 퍼뜨리기, 아이들 앞에서 모욕하기, 툭툭 치며 장난하기, 골탕 먹이기, 성희롱, 육체적 수치감 주기 등이 괴롭힘에 해당한다. 흔히 학생들은 이를 장난이나 놀이로 합리화하기 때문에 잘 드러나지 않으며, 지도하기도 쉽지 않다.
- **따돌림** 집단에서 배제하기, 어울리지 않기, 비난 여론 형성하기, 무시하기 등이 따돌림이다. 이는 싫어하는 아이를 고의적으로 상대하지 않는 것이다. 교사가 이에 대해 지적할 경우 가해학생은 다만 싫어서 피할 뿐이라고 답하기 때문에 지도하기가 쉽지 않다.
- **유사 따돌림, 고립** 전체적으로 학생들 간에 교류가 없는 경우, 소집단에 속해 있지만 소외되는 경우, 공격적인 학생을 회피하는 것, 스스로 고립되는 경우, 규율이나 질서를 어기는 학생에 대해 부당하다고 느끼지만 참는 경우 등이 유사 따돌림, 고립에 해당한다.

교사들은 흔히 폭행, 괴롭힘은 학교폭력이라 생각하지만 따돌림, 유사 따돌림, 고립 등은 학교폭력이 아니라고 생각한다. 하지만 따돌림, 유사 따돌림, 고립이 괴롭힘과 폭행을 일어나게 하는 토대가 되기 때문에 교육적 지도가 필요하다. 다른 말로 하면, 이를 지도할 때 괴롭힘과 폭행을 예방할 수 있다.

학교폭력을 어떻게 해결할 것인가

진정한 학교폭력 해결이란

학교폭력의 구조를 이해하면 가해학생 선도나 피해학생 치유만으로 학교폭력을 해결할 수 없다는 것을 알 수 있다. 가해학생을 선도하거나 피해학생을 치유한다 해도 학생들의 권력 구조는 변함없기 때문이다. 가해학생이 선도 프로그램을 받고 돌아와도 여전히 권력 구조 위에 있으므로 다시 가해자가 될 가능성이 크고, 피해학생이 치유 프로그램을 통해 심리적 상처를 회복한다고 해도 교실에 돌아오면 여전히 권력 구조 아래에 있어서 다시 피해자가 될 가능성이 높다. 권력 구조 가장 위의 학생이 사라진다 해도 그 자리에 다른 가해자가 들어선다. 그러므로 학교폭력을 해결하려면 불평등한 권력 구조를 깨고 평등하고 평화로운 관계로 바꿔야 한다. 그래야 가해학생이 폭력적 방식으로 인정받으려는 것을 막을 수 있으며, 피해학생도 자신감을 회복하고 우정의 관계를 만들 수 있다.

일상에서 벌어지는 크고 작은 학교폭력에 개입해 평등하고 평화로운

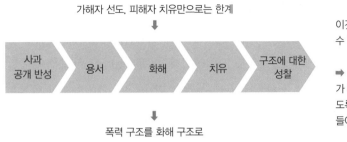

가해자 선도, 피해자 치유만으로는 한계

| 사과
공개 반성 | 용서 | 화해 | 치유 | 구조에 대한
성찰 |

폭력 구조를 화해 구조로

이것을 누가 할 수 있는가?

➡ 교사들:교사가 해결할 수 있도록 조건을 만들어 주어야 함

관계를 만들 수 있는 사람은 누구일까? 바로 교사이다. 소위 말하는 외부 전문가는 학생들과 학교생활을 함께 하지 않기 때문에 할 수 없다. 외부 전문가들은 가해학생과 피해학생에게만 제한적으로 영향을 미칠 수 있을 뿐이다. 경찰이 개입해야 하는 사건은 전체 학교폭력 사건 가운데 극히 일부에 불과하다. 그러므로 학교폭력을 해결하기 위한 정책의 초점은 교사들의 역할을 높일 수 있는 구조를 만들고 법적 권한을 부여하는 것, 교사들의 역량을 높일 수 있는 구체적인 지침을 마련하고 연수를 제공하는 것에 두어야 한다. 외부 전문가의 지원은 필요하기는 하지만 가장 우선적으로 고려해야 할 부분은 아니다.

그런데 문제는 교사에게 어떤 법적 권한도 없다는 것이다. 정부는 2012년 2월에 내놓은 대책에서 '교사의 역할 강화'를 이야기했지만, 그것은 의무를 부담시킨 것일 뿐 권한이 주어진 것은 아니다. 학교폭력 가해 사실을 생활기록부에 기재하는 것만 해도 학교폭력대책자치위원회 결과를 기록하는 것뿐이지 교사의 권한이라고 할 수 없다. 기재하지 않으면 처벌하겠다고 하는 것으로 보아 오히려 의무라고 해야 맞다.

교사는 문제가 심각해지기 전에 개입(중재, 조정, 교육벌 부과)할 수 있어야 한다. 그래야 더 큰 사건을 막을 수 있고, 이것이야말로 효과적인 예방책이다. 그러나 현실은 교사의 손발을 철저히 묶어 놓고 있다. 뭔가 사소한 문제가 발생하고 있음을 감지하더라도 개입했다가 가해학생이 발뺌하고 피해학생이 두려움 때문에 사실을 감춘다면, 가해학생의 학부모로부터 공격당할 위험이 크다. 이것을 알기 때문에 교사는 뭔가 문제가 있다는 것을 감지하더라도 모른 척하게 될 가능성이 크다. 해결을 위해 개입했다가 자칫하면 공격당할 수 있지만 몰랐다고 하면 책임에서 벗어날 수 있기 때문이다.

담임교사가 적극 나설 수 있게 하기 위한 전제 조건

2012년 2월 교과부가 발표한 〈학교폭력 근절 종합 대책〉에 따르면, 담임교사는 '매 학기 1회 이상 학생과 일대일 면담을 실시하고 면담 결과를 학부모에게 통지'해야 한다. 그러나 담임교사가 학생을 상담하고 지도할 시간이 절대적으로 부족한 현실에서는 거의 불가능한 일이다. 교과부도 이를 아는지 1년이 지나도록 세부 지침을 마련하는 등의 후속 조치를 취하고 있지 않다.

담임교사의 학생상담을 활성화하려면 그것을 가능하게 하는 조건을 만들어야 한다. 담임교사의 교과 수업 시수를 줄이고, 대신 생활교육 시수를 확보해 줘야 한다. 매주 1회씩 학급 회의, 매일 30분씩 조회 시간, 매주 1시간 30분씩 상담 시간으로 지정하면 주당 5시간 정도 생활교육을 할 수 있다. 담임교사는 학급 회의 내용 및 결과, 조회 내용, 상담 내용 들을 간략하게 기록한다(이것도 자세히 기록하게 하면 불필요한 업무가 더 늘어난다).

담임교사가 수업이 없는 시간에 학생을 불러 상담하는 것에 대해서는 학습권 침해로 보지 말아야 한다. 상담을 학습권 침해로 보는 것은 교과 수업이 상담보다 더 중요하다고 보기 때문이다. 그러나 상담도 교육이다. 필요할 때 상담하는 것은 때로 수업보다 더 중요하다.

방과 후 상담권도 필요하다. 여러 사정으로 일과 중 상담이 어려운 경우 방과 후에 상담해야 하는데, 학원에 가야 한다며 난색을 표하는 학생들이 많다. 담임교사는 가능하면 일과 중에 상담하고, 불가피하게 방과 후에 상담해야 할 때는 학생의 사정을 고려하되 적절한 날에 상담할 수 있는 권한이 있어야 한다.

학생에게 상담 교사와 상담을 명할 수 있는 권한도 필요하다. 상담을 하다 보면 좀 더 전문적인 상담이 필요하다고 생각될 때가 있다. 그럴 때는 상담 교사의 도움을 받아야 하는데, 현재는 학생이 이를 거부하면 달리 방법이 없다.

교원의 법정 정원 확보, 학급당 학생 수 감축, 불필요한 행정 업무 폐기, 집중이수제·방과 후 수업·야간 자율 학습 폐지도 필요하다. 우선 교원의 법정 정원을 확보하고 학급당 학생 수를 줄여야 교사가 학생 개개인의 생활을 관찰하고 지도할 수 있으며, 불필요한 행정 업무를 폐기해야 생활교육에 할애할 시간이 확보된다. 집중이수제는 담임교사가 자기 학급 수업에도 들어가지 못하는 황당한 상황을 만들고 있다. 또한 3월 초부터 시작하는 방과 후 수업과 야간 자율 학습은 학생 파악에 집중해야 할 3월을 헛되이 보내게 한다. 이러한 비효율적인 구조를 놔둔 채 일대일 면담을 의무화하면 교사의 업무 부담만 가중되고, 면담이 형식적으로 이루어져 피해학생들을 더욱 절망에 빠뜨릴 것이다.

이러한 상황을 바꾸기 위해서는 결국 교육과정을 개정해야 한다. 교과 수업을 줄이고 생활교육 시간을 늘려 모든 교사가 생활교육을 하도록 제도화해야 한다.

　마지막으로 교사가 적극적으로 학교폭력을 예방하고 해결하려면 양질의 연수가 제공되어야 한다. 현재 이루어지고 있는 연수는 교사의 역할(역량)을 강화하는 데 전혀 도움이 되지 않는다. 교사들에게 신고만을 강조하고 있으며, '법을 어기지 않는 법(문제가 될 만한 학생에 대한 상담 일지나 관찰기록을 남겨야 법적 책임을 모면할 수 있다는 식의 내용)'을 가르쳐 줄 뿐이다.

기존 학교폭력 예방 프로그램의 한계

　최근 인성 교육, 법률 교육, 인권 교육, 갈등 해결 교육, 분노 조절 교육 등이 학교폭력 예방 교육 프로그램으로 주목받고 있다. 이러한 프로그램은 학교폭력을 예방하는 데 어느 정도 기여할 수는 있으나, 학교폭력 자체에 초점을 맞춰 개발된 프로그램이 아니기 때문에 한계가 있다.

인성 교육
　정부는 학교폭력 대책을 발표할 때마다 '인성 교육'을 강조한다. 2012년 2월에 발표한 〈학교폭력 근절 종합 대책〉에서도 인성 교육을 강조하면서 핵심적인 내용으로 바른 생활 습관, 학생 생활 규칙 준수를 내세우고 있다.

　3~5세 누리과정을 통해 질서·나눔·배려·협력·존중·경로 효친·갈등 해결을 배우는 것이 '바른 생활 습관' 교육이고, 교사·학생·학부모의 충분한 협의를 거쳐 학교생활 규칙을 정하고 그것을 준수하도록 가르치는 것이 '학생생활 규칙 준수'이다. 이외에도 중학교 체육 활동 대폭 확

대, 프로젝트형 인성 교육 실시 등 다양한 정책들을 제시하고 있다.

인성 교육이라는 말은 의미 범위가 넓고 애매해 사용하는 사람마다 다른 의미로 이해한다. 보수적 교육관을 가진 사람들은 예절 교육, 준법 교육이 곧 인성 교육이라고 생각하는 경향이 있으며, 어떤 사람은 공감, 배려, 존중 등의 가치를 체득하는 것이 인성 교육이라고 생각한다. 정부의 이번 대책은 인성 교육이라는 말을 광범위한 의미로 사용하면서 다양한 정책들을 나열하고 있을 뿐이다. 이렇게 나열해 놓으면 뭔가 많은 것을 할 것처럼 보이지만, 실은 무엇 하나 제대로 되지 않을 것이다. 학교폭력이 심화된 원인, 학교폭력의 속성에 대한 이해를 바탕으로 만든 정책이라면 핵심 정책과 보조 정책이 구분되어야 하기 때문이다.

법률 교육

경찰이 학교폭력 예방 교육을 하는 경우가 있는데, 이때 법률을 근거로 가해학생이 어떤 처벌을 받는지 알려주는 데 초점을 둔다. 법의 지배를 받는 사회에서 법률 교육은 필요하다. 그러나 현재의 법률 교육은 그 한계도 분명하다.

현재의 법률 교육은 학생들에게 이런 메시지를 전달한다. "네가 폭력을 사용하면 너는 법에 따라서 무거운 처벌을 받게 될 거야. 그러니 폭력을 쓰지 마." 이런 메시지는 경고의 역할로써 그 나름의 의미가 있으나, 적극적인 예방 교육이라고 보기는 어렵다. '폭력은 나쁜 거니까 쓰지 말아야겠다'라는 생각보다 '폭력을 쓰다가 걸리면 큰일 나겠구나'라거나 '걸리지 말아야겠다'라고 생각하게 만들기 때문이다.

인권 교육

인권 교육의 내용을 보면, 개인의 자유(선택권)나 행복할 권리를 중시하면서 '나의 인권이 소중한 만큼 타인의 인권도 소중하다', '폭력은 반인권적인 것으로 배격해야 한다' 등의 가치를 내면화하도록 유도하는 듯하다. 이는 학생들이 인권 의식이 부족하고, 그 이유는 일상적으로 학생인권 침해에 노출되어 왔기 때문이라는 전제가 바탕에 깔려 있다. 그러나 학교폭력은 '학생 인권 침해에 의한 학생들의 인권 의식 부족' 때문에심각해진 것이 아니다. 1990년대 초반까지만 해도 학생 인권은 지금보다훨씬 암울한 상황에 놓여 있었다. 그러나 학교폭력이 그 때문에 더욱 심각했던 것은 아니다.

인권 교육은 학교폭력을 줄이는 데 어느 정도 기여할 것이다. 아마도폭행 수준의 폭력을 줄이는 데는 긍정적인 영향을 미칠 것이다. 그러나인권 교육은 '개인'의 인권, 그중에서도 '선택권'에 초점을 맞추고 있다는 점에서 그 한계도 분명하다. 학교폭력을 해결하기 위해서는 '집단의역동力動'에 대해 고려해야만 한다. 학교폭력은 결코 개인과 개인 사이의폭력 문제가 아니다. 학교폭력의 기본 특성은 바로 집단성이다. 피해학생들이 자살을 할 정도로 고통스러워하는 이유는 철저히 집단으로부터배제당하는 경험을 하기 때문이다. 학생 개인의 인권을 존중해 주면서타인의 인권도 그만큼 소중하니 존중해 줄 것을 당부하는 것으로는, 가해학생들이 집단 속에서 권력 지향적으로 인정투쟁에 몰두하는 것을 멈출 수 없다.

갈등 해결 교육

갈등을 해결하면 폭력을 막을 수 있다. 그러나 갈등 그 자체가 학교폭력의 주된 원인은 아니다.[10] 학교폭력은 갈등을 폭력으로 해결하려고 하면서 일어난다기보다는 인정욕망을 폭력을 통해 충족하려고 하면서 일어나는 것이다. 그래서 갈등이 없는데도 일어나는 학교폭력을 흔하게 볼 수 있다. 갈등 해결 교육은 학생 대상의 예방교육 프로그램이라기보다는 교사의 학교폭력 대응 역량 강화를 위한 교육 프로그램으로써 더 의미가 있다. 사안의 성격에 따라 교사가 중재자, 조정자의 역할을 잘하면 사과-용서-화해를 이끌어낼 수 있기 때문이다.

분노 조절 프로그램

분노 조절 프로그램에서는 가해자에게 분노 조절 장애가 있다고 본다. 분노 조절 장애란 분노를 건강하게 해소하지 못하는 것으로, 마음속에 분노를 쌓아 두어 울화병이 생기거나 반대로 분노를 폭발시키는 것이다. 학교폭력 가해학생에게 분노 조절 장애가 있다고 한다면 그것은 분노를 폭발시키는 형태의 장애가 있다는 것을 의미한다.

분노 조절 프로그램에서는 "나는 화를 조절해서 표현할 줄 아는 사람이야"라고 스스로 격려하도록 훈련시키거나, 분노가 일어나는 순간 그 장면을 피하라고도 한다. 분노 안에 감춰진 진짜 욕구가 무엇인지 들여다보도록 하기도 한다. 그러나 분노가 무조건 학교폭력과 연결되는 것은 아니다. 좀처럼 분노하지 않는 차분하고 이성적인 학생들이 가해자가 되는 경우도 많은데, 이 경우 분노 조절 프로그램이 효과를 발휘하기 어렵다. 분노 조절 장애가 폭력의 원인이 아니기 때문이다.

학교 평화 교육과 우정 교육이 필요하다

학교폭력을 예방하기 위해서는 '학교 평화 교육', '우정 교육'의 개념을 도입할 필요가 있다. 이 두 가지는 앞에서 언급한 학교폭력 예방 교육들과는 달리 학교폭력과 또래 관계에 초점을 맞춘 것이다.

'학교 평화 교육'은 학교폭력 없는 평화로운 상태를 지향하는 교육이다. 수직적 권력관계 속에서 인정을 추구하는 문화를 피하고 수평적 관계와 상호 인정 문화를 지향한다. 평화를 지향하는 학급 목표 세우기, 학급 평화 규칙 만들기, 학급 자치 위원회를 통해 갈등·따돌림·폭력을 중재하고 화해 이끌어 내기, 학교폭력에 대한 감수성 기르기, 폭력 사건 발생 시 대처 방법 알기, 폭력이 없는 상태를 넘어 우정 관계 만들기 등이 모두 '학교 평화 교육'이다. '평화 교육'이라 하지 않고 '학교 평화 교육'이라 이름 붙인 이유는, '평화 교육' 개념이 '전쟁 없는 평화 공존의 상태를 지향하는 교육'이라는 의미로 주로 사용해 왔기 때문이다.

'우정 교육'은 '학교 평화 교육'의 하위 개념으로 단순히 폭력 없는 상태를 넘어서 우정을 나누는 관계를 지향하는 것이다. 친밀감, 신뢰감, 평등함, 소중함을 바탕으로 친구의 어려움을 도와줄 수 있는 배려의 기술, 친구의 기쁨이나 슬픔을 함께 나눌 수 있는 공감의 기술을 배운다. 따돌림사회연구모임의 이혜미는 우정 교육 프로그램의 의의에 대해 다음과 같이 설명한다.

> 우정 교육 프로그램은 학생들에게 친구를 사귀는 방법을 알려 주거나 친구가 소중하다는 가치를 전하는 교우 관계 증진 프로그램이라기보다는, 친구라는 타자를 낯설게 바라봄으로써 인간관계와 우정의 의미를 새롭게 발견해 나가고, 그를 통해 학급 집단 안에서 우정이 폭력의 가치보다 우위를 점하는 새로운 역동이 생겨나기를 바라는 프로그램이라고 할 수 있다.[11]

위에서 언급한 여러 프로그램도 학교폭력 예방과 대처에 기여할 수 있다. 그러나 학교폭력의 특성을 고려하여 만들어진 것이 아니므로 직접적이고 근본적인 해결 방법이라 하기에는 부족하다. 앞으로 학교폭력의 특성을 고려한 다양한 학교 평화 교육 프로그램, 우정 교육 프로그램이 더 개발되어야 할 것이다.

2부

평화롭고 화목한
교실 만들기

이야기 학급운영이란 무엇인가

이야기 학급운영은 왜 필요한가

교류분석Transactional Analysis 이론에서, 인간은 누구나 '인생각본'을 가지고 있다고 말한다. 사람이 백 명이면 백 가지의 인생각본이 있을 것이다. 이렇게 다양한 인생각본은 크게 승리자 각본, 패배자 각본, 평범한 각본 등 셋으로 나눌 수 있다. 승리자 각본을 가진 사람은 노력하면 이룰 수 있는 목표를 정하고, 그 목표를 위해 노력하며, 때로 실패를 겪더라도 좌절하지 않는다. 반면 패배자 각본을 가진 사람은 해 봐야 안 된다고 생각하기 때문에 노력하지 않으며, 실패를 겪으면 '거 봐, 그럴 줄 알았어'라고 생각한다. 평범한 각본을 가진 사람은 다른 사람만큼만 지낼 수 있으면 만족하면서 산다.

지난 2012년 5월 우리 반은 체육대회를 앞두고 반 티셔츠를 맞추기로 했다. 몇몇 아이들은 적극적으로 자기 의견을 밝혔지만, 다수의 아이들은 의견이 있으면서도 말하지 않았다.

적극적이었던 아이들은 회의 자리에서는 말하지 않던 아이들이 뒤에서 구시렁거리는 것을 듣고서 '우리 반 아이들은 소극적이다', '우리 반 아이들은 앞에서 말하지 않고 뒤에서 말한다'라는 고정관념을 갖게 되었고, 이 고정관념에 따른 각본을 만들었다. 이 각본은 체육대회 응원단을 꾸리자는 담임의 제안에, 적극적이었던 아이들이 "애들 대부분 응원에 참여하지 않을 거예요. 결국 준비한 사람들만 힘 빠지게 될걸요?"라고 대답하면서 확인되었다. 이러한 부정적 각본을 갖게 되면 시작하기도 전에 포기하게 되고, 그 부정적인 면은 더 강화된다.

학급운영은 정해진 각본에서 방향을 바꾸어 새로운 이야기를 써 내려가는 것이며 새로운 이야기를 만듦으로써 각본을 바꾸는 것이다. 그리하여 일정한 시간이 흐른 뒤 그해를 돌아봤을 때 "우정을 쌓아 온 행복한 한 해"로 기억하게 만드는 것이다. 이를 '이야기 학급운영' 또는 '서사적 학급운영'이라고 할 수 있다.

교류분석에서는 인간 개인의 인생각본에 초점을 맞추지만, '이야기 학급운영'은 학급 집단이 만드는 각본에 초점을 맞춘다. 앞서 이야기한 우리 반의 경우 이야기 학급운영을 적용했더니 이렇게 달라졌다. 반 티셔츠를 맞추는 과정에서 갈등이 있었지만 서로 마음을 확인한 후 합의점을 찾았으며, 응원단을 꾸리지는 못했지만 선수로 뛰었던 친구들을 열심히 응원했다. 학기를 마치면서 평가를 받아 보니 다른 의견도 있었지만, 갈등을 해결했으며 화합하는 데 도움이 되었다는 의견이 다수 있었다.

1년 동안 학급에서는 수많은 사건이 일어난다. 그중에는 즐거운 것도 있지만 재미없거나 서로에게 상처를 입히는 것도 있다. '비록 힘들고 괴로운 기억도 많았지만, 그래도 2012년 우리 반은 따돌림 없는 화목한 반을 만들기 위해 노력했고 그래서 참 좋았다'라고 기억할 수 있다면 그 기억이 승리자 각본이 되어 아이들이 살아가는 데 힘을 줄 수 있다.

이야기 학급운영 6단계

흔히 소설은 '발단-전개-위기-절정-결말'의 단계로 이루어진다. 옛날 이야기의 경우 '기-승-전-결'로 이루어져 있기도 하다. 이야기 학급운영도 이와 비슷하게 상상해 보면 좋겠다.

3월에는 서로에 대해 파악하고 관계를 맺기 시작하며(발단), 그 이후엔 본격적으로 문제가 일어난다(전개). 문제를 평화롭게 해결할 수도 있으나 더욱 심각해지기도 한다(위기). 폭력을 평화롭게 해결하지 못하면 불평등한 위계 구조는 고착화되고 폭력은 일상이 될 것이다(절정). 학년 말이 되면 1년 동안의 생활을 돌아보면서 평화롭게 매듭지을 수도 있고, 그렇지 못할 경우 다음 해의 폭력으로 이어질 수도 있다(결말). 이야기 학급운영은 이와 같은 학생 관계가 변하는 흐름 속에서 교사가 평화를 연출해가는 과정이라고 할 수 있다.

1단계 : 학급 목표 공유하기

평화로운 학급을 만들려면 학년 초에 목표를 설정하고 모두가 공유할 필요가 있다. 그런데 이 목표는 교사가 일방적으로 제시하는 목표가 아니라 학생이 동의하는 목표여야 한다. 그래야 자발성이 생기기 때문이다.

일단 목표를 공유하고 나면 문제가 생겼을 때도 지도하기가 쉽다. 예를 들어 누군가를 괴롭힌 학생이 있을 때 "우리는 평화로운 학급을 만들기로 했는데 지금 그렇지 못해. 우리의 목표를 이루기 위해 네가 할 일이 있는 것 같은데 어떻게 생각하니?"라고 말한다면 쉽게 수긍할 것이다. 목표를 공유하는 과정이 없다면, 괴롭힌 학생이 자기 합리화를 하거나 단순한 장난이라고 우길 때 그 행동이 '괴롭힘'이라는 것을 인정하게 하는 데만도 상당한 시간이 걸릴 수 있다.

목표를 공유하면 학급 전체 학생들을 지도하기도 쉽다. 앞서 말했듯 학교폭력을 해결하려면 불평등한 권력 구조를 해체해야 하므로 학급 전체 학생을 지도하는 과정이 필수적이다. 학년 초에 학급 목표를 공유했다면 학급 전체 학생을 지도할 때 학생들은 수용하는 태도를 보인다. 그러나 그런 과정이 없을 경우 가해학생의 친구나 동조자가 교사의 지도에 반발하는 경우가 많고 다수의 학생들은 침묵하게 된다.

학급 구성원 모두가 공유해야 할 목표는 '평화로운 학급', '평등한 학급', '화목한 학급'이다. 학급에 따라 표현은 다를 수 있다. 각각의 목표가 갖는 의미는 이렇다.

- 평화로운 학급 괴롭힘이 없는 상태이며, 갈등의 합리적 해결을 지향하는 가치
- 평등한 학급 각자가 가진 매력이 동등하게 인정받고 권력의 불균등이 없는 상태
- 화목한 학급 편견과 차별 없이 누구나 친해지는 것

2단계 : 평화를 위한 의사소통 구조 만들기

학교폭력은 가해학생 개인이나 피해학생 개인이 가지고 있는 문제 때문에 발생하는 것이 아니다. 또한 일시적으로 발생하고 끝나지 않는다. 개인은 학급 문화를 만들고, 학급 문화는 개인에게 영향을 미친다. 과거로부터 이어진 관계가 현재에 영향을 미친다.

학교폭력은 집단성과 지속성을 특징으로 하는 구조적인 문제이다. 그러므로 이를 해결하기 위해서는 학급 전체의 구조와 문화를 바꾸어야 한다. 평등하고 민주적인 의사소통 구조를 만드는 것이 그래서 중요하

다. 예를 들어 학급 자치 위원회(진실과 화해 위원회)는 폭력이 일어났을 때 문제를 공론화하여 함께 해결하는 구조이다. 학교폭력 해결의 첫걸음은 공론화다. 학교폭력은 모두에게 노출되지만 공론화되지는 않는다는 특징을 가지고 있으므로, 공론화해 '폭력은 옳지 않은 것'이라는 인식을 공유할 수 있게 하는 것만으로도 학교폭력을 상당히 억제할 수 있다.

의사소통 구조가 만들어지면 친구와 갈등이 있거나 폭력의 피해자가 되었을 때 공식적으로 도움을 요청할 수 있다. 누군가가 폭력을 당하는 것을 본 사람도 그 사실을 공개하고 해결 과정에 참여할 수 있다.

3단계 : 평화로운 관계 맺기 프로그램

의사소통 구조를 갖추는 것과 함께 관계 맺기 프로그램을 시작한다. 과거에 가해자였던 학생이 새 학급에서는 더 이상 친구들을 괴롭히지 않겠다고 선언하면, 학급 구성원들의 불안감을 해소해 줄 수 있다. 무거운 안개처럼 깔려 있던 불안이 걷히고 나면 집단 상담, 학교폭력 예방 교육, 단합 대회 들을 통해 관계 맺기를 촉진할 수 있다.

4단계 : 영향력 나누기

학교폭력은 인정욕망의 왜곡에서 비롯되는 것이다. 그러므로 인정욕망을 긍정적인 방향으로 돌려주는 것이야말로 학교폭력을 근본에서 예방하고 해결하는 가장 좋은 방법이다. 담임교사는 한편으로는 권력을 얻어 인정을 독점하려는 시도를 차단하고, 다른 한편으로는 학생들 각자가 가진 매력이 학급에서 영향력을 발휘할 수 있도록 함으로써[12] 평화로운 학급 만들기에 한 발짝 더 다가갈 수 있다. 권력과 영향력은 큰 차이가 있다.

- 권력 강제력에 기반해 타인을 자기의 의도대로 움직이려 함
- 영향력 호감에 기반해 타인이 스스로 영향을 받음

5단계 : 점검하기

다섯 번째 점검하기 단계에서는 드러나지 않은 문제가 있는지 살펴보고 학급 구성원 간의 약속이 잘 지켜지고 있는지 파악한다. 학급 시스템이 갈등을 오히려 재촉하고 있지는 않은지도 살핀다.

때로는 문제가 발생한 것을 계기로 학급 상황을 점검할 수도 있다. 예를 들면 '학급의 발전 단계 점검 설문지'를 활용해 학생들이 학급 상황을 어떻게 보고 있는지 파악할 수도 있고, '학급 평화 규칙 체크리스트'를 가지고 규칙을 잘 지키는 사람과 그렇지 않은 사람을 파악하여 상담 자료로 활용하거나 자기 자신을 돌아보게 할 수 있다.

6단계 : 마무리 활동을 통한 비약적 성장

인간의 성장 곡선은 완만한 상향 곡선이 아니라 계단 모양의 곡선이다. 이는 어느 순간 비약적으로 성장할 수 있다는 말이다. 학년 말이 바로 그런 시기가 될 수 있다.

평화롭고 행복한 학년 말의 기억은 이후 삶에서도 큰 힘이 될 것이다. 각자의 마음속에 그리고 집단에게 승리자 각본을 심는 것이기 때문이다. 오랜 세월이 지나고 나면 경험은 왜곡되거나 변형되거나 잊힌다. 그러나 행복감, 성취감과 같은 정서는 세월의 풍화를 견디고 살아남아 영향을 미친다.

이야기 학급운영의 각 단계에 해당하는 프로그램 가운데 '우정 신문 만들기'는 평화로운 관계 맺기 프로그램뿐만 아니라 점검하기 프로그램

으로도 분류할 수도 있다. 이외에도 활용하기에 따라서 다른 단계의 프로그램으로 분류할 수 있는 것이 있다. 그러므로 어떤 프로그램을 특정 단계 프로그램으로 고정하기보다는 상황과 맥락에 따라 적절히 활용하면 된다.

이야기 학급운영을 위한 프로그램들 가운데 가장 공들였던 것은 '우정 신문'과 '학급 자치 위원회'이다. 우정 신문은 학생들이 우정의 가치를 내면화하도록 하려는 것이며, 학급 자치 위원회는 학생을 문제 해결의 주체로 하여 방관자 없는 학급을 만들기 위한 것이다. 특별한 계기를 통한 변화를 꾀하는 것도 필요하지만, 우정 신문과 학급 자치 위원회 같은 일상적 활동을 통해 느리지만 가치관의 집단적 변화를 가져올 수 있는 프로그램이 더욱 소중하다.

1단계 : 학급 목표 공유하기

살아 있는 학급 목표 만들기

대부분의 학급에서는 학년 초에 급훈을 정한다. 학생들에게 공모해 정할 때도 있지만 대개는 담임교사 자신이 중요하다고 생각하는 가치를 담아서 결정한다. 담임교사가 정하는 경우만이 아니라 공모를 통해 정하는 경우에도 학생들의 생활 그리고 고민과 맞닿아 있지 않기 때문에 급훈은 살아 있다기보다는 액자 속에서 박제된 경우가 많다.

급훈이라는 말부터 그런 느낌이 든다. 말부터 바꾸어 급훈이라고 하지 말고 '학급 목표'라고 하는 건 어떨까? 학생들과 담임교사가 함께 평화롭고 화목한 교실을 만들기 위해 노력하자는 의미에서 구체적인 학급 목표를 정한다면 함께 생활하는 데 훌륭한 좌표가 되어 줄 것이다.

방법

① 학생들에게 종이를 나눠 주고 '우리 반이 어떤 반이 되면 좋겠는지' 적게 한다. 포스트잇에 적어 칠판에 붙이라고 해도 좋다. 그리고 나서 비

숫한 내용을 적은 것끼리 모아 결과를 정리한 뒤 학생들에게 이야기해 주면 된다. 학년 초 학생들에게 자기소개서를 쓰게 한다면 칸을 하나 더 만들어서 '우리 반에 대한 바람'을 적으라고 해도 좋다.

② 학생들이 적은 것을 모아 발표한다. 이렇게 해 본 결과, 학생들은 각자 원하는 것을 많이 적었다.

우리 반이 어떤 반이 되면 좋을까?

- 재밌는 반
- 수업 시간에 안 떠드는 반
- 살기 좋은 반
- 단합이 잘 되는 반
- 조용한 반
- 착한 반, 좋은 반
- 종례가 빨리 끝나며 되도록 싸우지 않는 반
- 단합이 잘 되는 반
- 서로 잘 어울리는 반
- 서로 친하고 화목한 반
- 재밌고 다 같이 어울리는 반
- 두루두루 서로 친한 반
- 즐거운 반, 재밌는 반
- 다 편하고 서로 친한, 단합이 잘 되는
- 단합 잘 되는
- 친구들끼리 싸우지 않고 사이좋은 반! 친구를 놀리지 않는 학급
  왕따 없는 반이었으면 좋겠습니다.

학생들이 적어서 낸 결과를 보면, 많은 학생들이 학교폭력 없는 평화롭고 화목한 학급을 원한다는 것을 알 수 있다. 밑줄 친 내용들은 학생들이 얼마나 관계에 대한 불안 속에서 살고 있는지 보여 준다.

③ 이 결과를 바탕으로 하여 학급 목표를 정한다. 예를 들어 '따돌림, 폭력 없는 평화롭고 화목한 2학년 8반'을 학급 목표로 정할 수도 있다. 표현을 어떻게 하든 평화롭고 화목한 학급을 지향하는 목표면 된다.

주의할 점

담임교사는 학년 초 학급 분위기를 유심히 관찰해야 한다. 담임교사가 진행하는 활동을 우습게 만들어 학급 내 권력을 장악하려는 학생이 있을 수도 있기 때문이다. 이럴 경우 학급 목표를 정하더라도 학생들이 의미를 두지 않는다.

학생들이 적어 내는 내용이 제각각이거나 우스운 상황이 연출되어 '평화롭고 화목한 학급'을 학급 목표로 만들기 어려울까 봐 걱정이 된다면, 학생들에게 종이를 나눠 주기 전에 다음과 같이 말해 보는 건 어떨까?

"새로운 반에 와서 걱정이 많죠? 아이들이 시끄러울까 봐, 친구 없이 외롭게 지낼까 봐, 선생님이 까다로운 사람일까 봐. 새로운 반에 대한 기대도 있을 거예요. 조용한 반이었으면 좋겠고 단합이 잘 되는 반이었으면 할지도 모르겠네요. 우리가 2학년 8반에서 만난 지 벌써 3일이 지났습니다. 3일 동안 지내 본 소감이 어떤가요? 선생님은 묘한 긴장감이 느껴지네요. 서로 탐색하는 것 같기도 하고 누군가는 센 척하는 것 같기도 해요. 이 긴장감이 지나간 뒤엔 어떤 모습이 될까요? 평화로운 학급이 될 수도 있고, 누군가가 반 분위기를 휘어잡고 나머지는 눈치를 보거나 침묵하는 반이 될 수도 있겠지요. 여러분은 우리 반이 어떤 반이 되길 원하나요? 나눠 주는 종이에 바람을 적어서 내 주세요."

학급 평화 규칙 만들기

　지금은 법도 권위를 잃은 시대이다. 법이 권력자나 부자에게는 관대하고, 부당한 현실에 저항하거나 힘없는 사람에게는 가혹한 것을 보면서 자라는 학생들에게 학칙도 권위를 갖기 어렵다. 법이나 규칙은 구성원의 민주적 합의를 바탕으로 만들어야 하고 누구에게나 공평하게 적용되어야 한다. 그래야 민주적 질서를 만들 수 있고 법이 권위를 갖게 된다.

　이렇게 사회의 모습이 바람직하지 않다고 해도 교육은 옳은 방향으로 가야 한다. '학교는 사회의 축소판'이라고 하면서 사회가 바뀌어야 학교가 바뀐다고 말하는 사람도 있으나, 교사는 교육을 통해 사회를 바꾸는 꿈을 꾸어야 한다. 학급 평화 규칙을 만드는 일이 바로 그런 교사의 일이다.

　교사는 평화로운 학급을 위해 해야 할 행동과 하지 말아야 할 행동을 구체적으로 정하고, 규칙을 어기는 경우 어떤 책임을 져야 하는지 결정한다. 누군가가 규칙을 어겼을 때 주변 학생들이 용납하지 않는 문화가 형성되면, 규칙을 일부러 어기는 학생은 더 이상 이를 '센 척'의 도구로 활용할 수 없게 된다. 그러면 규칙에 권위가 생긴다.

방법

　① '평화로운 학급 만들기'라는 학급 목표를 이루기 위해 어떤 규칙이 필요한지 학생들과 토론한다.

　② 학생들에게 토론 주제를 제시하고 나서 토론을 해 보자고 하면 대개 활발한 토론이 이뤄지지 않는다. 학생들이 토론에 익숙지 않기도 하고, 서로 눈치 보는 분위기에서 적극적으로 얘기했다가 '나대는 애'로 찍힐까 봐 걱정하기 때문이기도 하다.

③ 직접 토론이 어렵다면 종이를 나눠 주고 적어 보게 하는 것도 좋다. 학생들에게 적어야 할 내용을 간단히 두 가지로 안내한다.

- 평화로운 학급을 만들기 위해서 해야 할 행동에는 무엇이 있을까요?
- 평화로운 학급을 만들기 위해서 하지 말아야 할 행동에는 무엇이 있을까요?

④ 학생들이 적어서 낸 내용을 모아 학생들에게 알려 준다.

평화로운 학급을 만들기 위해서 해야 할 행동에는 무엇이 있을까요?

- 개개인의 취미나 성격 존중하기
- 친목 목적의 탁구 치기
- 관심 가져 주기
- 잘 도와주기
- 남을 먼저 생각하고 행동하기
- 여러 사람의 의견을 들어주고 반영하기
- 혼자 있는 친구들을 내가 먼저 챙겨 주기
- 자기 할 일 열심히 하기
- 싸우고 있는 친구 말리기
- 가만히 있기
- 친구를 기분 나쁘게 했다면 사과하기
- 말하기 전에 1초라도 생각해 보고 말하기
- 다른 사람의 입장이 되어 보기

평화로운 학급을 만들기 위해서 하지 말아야 할 행동에는 무엇이 있을까요?

- 따돌리기
- 돈 훔치기
- 시비 걸기
- 심부름시키기
- 비판하거나 흠잡을 목적으로 욕설 사용하기
- 나대기
- 상대가 싫어하는 말이나 행동하기
- 편 가르기
- 자기 의견만 내세우기
- 도움반 친구 괴롭히기
- 선생님께 대들기
- 수업시간에 떠들기
- 때리기
- 친구들에게 막말하기
- 뒤에서 쑥덕거리기
- 뒷담화하기
- 기분 나쁜 어조로 말하기
- 내 뜻대로만 하려 하기

⑤ 학생들이 적어서 낸 내용을 바탕으로 토론해 학급 평화 규칙을 만든다.

이때 주의할 점들이 있다. 우선, 규칙을 정하는 시기가 너무 늦어지면 안 된다. 늦어지면 권력적 인간관계를 맺으려는 학생들이 비공식적 통로를 통해 음성적인 질서를 만들 수 있기 때문이다. 또 하나는 학급 평화 규칙은 한번 제정하는 것으로 끝나는 게 아니다. 그때그때 필요에 따라 수정 보완해야 한다.

○학년 ○반 학급 평화 규칙

제1조 ○학년 ○반 교실에서는 모두가 행복할 권리가 있습니다.

제2조 ○학년 ○반은 따돌림, 괴롭힘을 포함한 어떠한 폭력도 용납하지 않습니다.

제3조 ○학년 ○반은 누구나 평등합니다.

• 평화로운 학급을 만들기 위해서 우리는 이렇게 합니다.
  - 외롭게 혼자 있는 친구에게 관심을 갖습니다.
  - 도움이 필요한 친구를 도와줍니다.
  - 친구를 먼저 생각하고 배려합니다.
  - 함께 결정할 일이 있을 때 친구의 의견에도 귀를 기울입니다.
  - 싸우는 친구가 있으면 함께 말리고, 선생님께 알립니다.
  - 따돌림당하는 친구가 있으면 선생님께 알립니다.
  - 잘못을 했을 때는 진심으로 사과합니다.

• 평화로운 학급을 만들기 위해서 우리는 이런 행동을 하지 않습니다.
  - 때리기
  - 따돌리기
  - 뒤에서 쑥덕거리기
  - 친구와 무언가를 함께 하거나 짝이 됐을 때 싫은 티 내기

- 물건 훔치기

- 시비 걸기

- 비판하거나 흠잡을 목적으로 욕설 사용하기

- 친구가 싫어하는 말이나 행동 반복하기

- 심부름시키기

- 성적, 외모, 성격을 이유로 놀리거나 차별하기

- 판치기 등 돈 내기 게임

- 도움반 친구 괴롭히기

- 친구들에게 막말하기

- 기분 나쁜 어조로 말하기

학급 평화 규칙의 예

2단계 : 평화를 위한 의사소통 구조 만들기

교실 평화를 위한 학급 임원 선출

학급 임원 선출도 학생들의 권력관계와 무관하지 않다. 주도권을 쥐고자 하는 학생이 반장을 하려고 하는가 하면, 학급 임원 선출 과정을 우습게 만들어서 주도권을 쥐려는 학생도 있다. 전자의 경우 반장이 따돌림과 폭력을 주도할 가능성이 있고, 후자라면 반장은 조롱거리나 따돌림의 대상이 될 수 있다. 담임교사는 임원 선출이 권력 다툼을 위한 수단으로 활용되는 것을 막아야 할 뿐만 아니라, 학급 임원들이 평화로운 학급을 만드는 데 앞장설 수 있도록 이끌어야 한다.

방법

① 조·종례 또는 학급 자치 시간에 학생들에게 종이를 한 장씩 나눠주고, 어떤 사람이 반장이 되면 좋겠는지 적어 보게 한다. 이때 필요하다면 학급 목표를 상기시켜 준다.

② 학생들이 적은 것을 모아서 이야기해 준다.

③ 임원 선출 과정을 이끌어 갈 선거 관리 위원을 2명 정도 뽑는다.

④ 선거 관리 위원들에게 해야 할 일을 안내하고 선거 과정을 이들이 이끌어 가게 한다. 선거 관리 위원들이 해야 할 일은 다음과 같다.

- 선거 관리 위원들은 선거 공고문을 작성해 붙이고, 입후보할 학생들은 선거 관리 위원이나 담임교사에게 의사를 밝히도록 한다.
- 후보자들이 자기를 알리는 벽보를 작성해서 가져오면 그것을 받아 교실 게시판에 붙이고, 선거 진행 방법을 숙지해 직접 진행한다.

선거 공고문

2학년 8반 반장, 부반장 선거를 다음과 같이 실시합니다.

- 선거일 2012년 3월 24일 자치 시간(5교시)
- 장 소 2학년 8반 교실
- 참가자 2학년 8반 학급원 전체
- 일 정 후보자 등록   2012. 3. 17~18.

  후보자 벽보 게시   2012. 3. 19~24.

  소견 발표   2012. 3. 24.

  투·개표 및 당선자 공고   2012. 3. 24.

※ 과반수 득표자가 없을 경우, 상위 득표한 두 후보자가 결선 투표를 한 뒤 다득표자를 당선 확정합니다.

2012년 3월 16일

2학년 8반 선거 관리 위원회

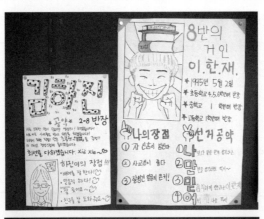

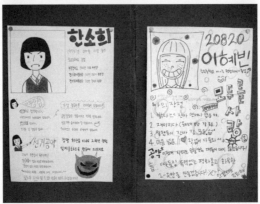

학급 반장 선거 투표용지   NO

기호	기호 1 번	기호 2 번	기호 3 번
성명	한소희	이중빈	지영서
기표란			

선거 관리 위원회
위원장 확인란

2학년 8반 반장, 부반장 선거 벽보(위)와 학급 반장 선거 투표용지(아래)

선거 진행 요령의 예

1. "지금부터 2학년 8반 반장, 부반장 선거를 하도록 하겠습니다. 모두 조용히 해 주세요."

2. "먼저 반장 후보자의 소견을 들어 보겠습니다. ○○○ 학생부터 나와서 얘기해 주세요."

   (○○○ 학생 얘기 끝나면) "두 번째로는 ○○○ 학생의 얘기를 들어 보겠습니다."

   (○○○ 학생 얘기 끝나면) "마지막으로 ○○○ 학생의 얘기를 들어 보겠습니다."

3. "이번에는 부반장 후보자의 소견을 들어 보겠습니다. 먼저 ○○○ 학생의 얘기를 들어 보겠습니다. 나와 주세요."

   (○○○ 학생 얘기 끝나면) "이번에는 ○○○ 학생의 얘기를 들어 보겠습니다."

4. "모든 후보자의 발표를 들었습니다. 반장, 부반장 선거는 우리의 대표를 뽑는 것입니다. 장난으로 투표하거나 나하고 친하다고 투표하지 말고, 우리를 위해서 봉사해 줄 수 있는 친구에게 투표하길 바랍니다. 우리는 우리 반을 '따돌림·폭력 없는 평화롭고 화목한 학급'으로 만들기로 했습니다. 이 목표를 실현하기 위해 노력할 친구를 뽑으면 되겠죠? 반장 선거의 경우 3명이 입후보했습니다. 투표 결과 과반수 이상 득표자가 없을 경우 1, 2위 득표자를 대상으로 결선 투표를 합니다. 부반장 선거의 경우 2명이 입후보했으므로 다득표자가 당선됩니다."

5. "투표는 비밀 투표입니다. 한 사람씩 나와 교탁 앞에서 두 장의 투표용지를 받고 투표함 옆에서 투표를 한 뒤 넣어 주시면 됩니다. 반장 투표

봉투와 부반장 투표 봉투가 다르니 헷갈리지 마세요."

6. "1분단부터 부르면 앞으로 나와서 투표하세요." (선거 관리 위원 중 한
사람은 투표하게 하고, 한 사람은 투표용지를 받는 데서 대기하게 한
다. 한 사람이 투표하고 들어갈 때마다 다음 사람을 나오게 해 대기시
킨다.)

7. "투표가 모두 끝났습니다. 이제부터 개표를 하겠습니다." (선거 관리
위원 중 한 사람은 개표를 하고 한 사람은 개표 내용을 칠판에 적는다.)

8. "개표 결과 ○○○가 반장에, ○○○가 부반장에 당선되었습니다. 모두
박수쳐 주시기 바랍니다."

주의할 점

① 학생들은 이런 형식으로 임원 선거를 해 본 적이 거의 없기 때문에
처음에는 어리둥절해한다. 선거 관리 위원들 역시 어떻게 해야 할지 모
르기 때문에 담임교사가 세심하게 지도할 필요가 있다.

② 임원 선거는 교사의 심부름꾼을 뽑는 것도, 당선되면 먹을 것을 사
주는 사람을 뽑는 것도 아님을 학생들에게 주지시킬 필요가 있다. 흔히
학생들은 선거 과정을 가볍게 여기는데, 이는 그동안 선거 과정이 그랬
기 때문이다. 임원 선거는 민주주의에서 선거가 얼마나 중요한지 느끼게
해 주는 데도 도움이 된다.

③ 대부분 학교에서 학기 시작 뒤 1~2주 안에 임원을 선출하도록 한
다. 관행상 또는 행정상 편의를 위해서 그런 것인데, 그러다 보니 학생들
은 서로에 대해 파악할 시간도 없이 선거를 하게 된다. 그러므로 가능하
다면 학기가 시작해 3주 정도 지난 뒤에 선거를 치르는 게 좋다. 여유가
있다면 한 달 정도 뒤에 하면 더 좋을 것이다. 그사이에 학생들이 서로

파악할 수 있는 기회를 만들어 줘야 한다. 집단 상담, 마니또, 몸을 부딪치며 친해질 수 있는 놀이 들을 활용한다.

학급 자치 위원회(진실과 화해 위원회) 만들기

평화로운 교실을 만드는 일은 학생들이 주체로 참여할 때 비로소 가능하다. 학교폭력은 발생 뒤 방관하지 않고 문제를 해결하려는 분위기가 만들어지면 더 이상 일어나지 않는다. 학교폭력은 가해학생이 피해학생에게 폭력을 가함으로써 다른 학생들에게 인정받고자 하는 욕망에서 출발하기 때문이다. 폭력을 용인하지 않는 학급 분위기를 만들면 학생들은 폭력을 통해 인정받으려는 시도를 하지 않을 것이다.

학급 자치 위원회는 학생들을 평화로운 교실 만들기의 주체로 성장시킬 수 있는 좋은 방법이다. 학급 안에서 갈등이나 폭력이 일어났을 때 학급 자치 위원들이 피해자의 고통을 공감함으로써, 피해자는 상처를 치유하고 대인관계에서 자신감을 회복할 수 있으며 가해자를 용서할 마음이 생기게 된다. 가해자에 대해서는 학급 자치 위원들이 잘못을 지적해 줌으로써, 반성할 마음을 갖게 하고 폭력을 통해서는 인정받을 수 없다는 것을 깨닫게 해 줄 수 있다.

피해자에 대한 학급 자치 위원들의 공감, 가해자의 반성과 사과, 피해자가 용서하는 과정을 거치면 화해가 이루어진다. 이런 면에서 학급 자치 위원회를 '진실과 화해 위원회'라고 불러도 좋을 듯하다.

방법
-----
① 반장, 부반장은 당연직으로 학급 자치 위원이 된다.

② 반장, 부반장 이외에 약간 명을 더 뽑는다. 총 5명 정도면 적당하다. 학급 자치 위원을 하고 싶어 하는 학생이 있는 경우 그 학생을 뽑아도 되고, 담임교사가 적당한 학생에게 제안해도 된다. 학급 임원 선거에 나왔다가 떨어진 학생들에게 제안하는 것도 괜찮은 방법이다. 선거에 나갈 정도의 학생이라면 의욕이 있기 때문이다. 급우들과 두루두루 친하고 중립적 입장에서 얘기해 줄 수 있는 학생을 뽑으면 많은 도움이 된다.

③ 폭력이 발생하면 교사는 먼저 무슨 일이 일어났는지 파악해야 한다. 가해학생과 피해학생이 가려지고 어떤 일이 일어났는지 파악하고 나면 학급 자치 위원회를 통해 해결 방안을 모색하도록 한다.

④ 교사는 회의를 진행한다. 먼저 상황을 설명하고 피해학생과 가해학생이 직접 이야기하게 한다. 이때 피해학생이 가해학생 앞에서 주눅 들지 않도록 세심하게 배려할 필요가 있다. 학급 자치 위원회 전에 가해학생이 가해 사실을 인정한다면, 피해학생에게 위협적인 눈빛을 보낸다거나 자기에게는 잘못이 없다고 우기지 않을 것이다.

⑤ 당사자들이 이야기하고 나면 학급 자치 위원들이 자신들의 생각을 밝히도록 한다. 피해학생에게 바라는 바를 이야기하도록 하고, 가해학생에게 하고 싶은 말을 하도록 한다.

⑥ 학급 자치 위원들은 문제를 어떻게 해결하면 좋을지 제안한다.

⑦ 해결 방법을 내고 그에 대해 피해학생과 가해학생이 동의하면 회의를 마무리한다.

다음은 학급 자치 위원회의 한 예이다. 장애 학생과 통합 교육을 하는 학교에서 지적 장애 학생과 다른 몇몇 학생들 사이에 발생하는 문제에 대해서 논의한 것이다.

학급 자치 위원회 회의의 예

연지 남자애들이 현수를 놀려요.

선생님 현수를 놀리는 애들은 어떤 애들이지?

지선 여기에 앉아 있는 친구들이요. 지호, 대혁이, 용성이, 진홍이, 슬비.

수인 현수가 놀림당하는 걸 볼 때는 가엾어요. 하지만 현수가 애들을 괴롭힐 때는 당해도 싸다는 생각이 들기도 해요.

선생님 현수와 다른 아이들이 동등하게 대우받아야 한다고 생각하는 친구들이 있는 것 같네. 그게 옳다고 보니?

수인 네. 왜냐하면 현수도 판단을 할 수 있기 때문이에요.

연지 동등하게까지는 아니어도 비슷하게는 대해야 한다고 봐요.

호진 저는 반대예요. 현수는 민호나 대중이처럼 자기가 만만하다고 생각하는 애들을 건드려요.

민호 호진이 말에 동의합니다. 현수가 저를 볼 때마다 "잘생긴 민호야"라고 말하는데, 저는 그게 싫다고, 그러지 말라고 몇 번이나 말했거든요. 그런데도 계속해요. 그거뿐만이 아니에요. 저에게 뽀뽀를 하거나 저를 껴안거나 물기도 하는데, 힘이 엄청 세서 말릴 수가 없어요.

선생님 이야기 주제를 처음으로 돌려보자. 여기 앉아 있는 친구들이 현수를 주로 놀리니?

대부분 네.

용성 저는 먼저 놀리지는 않아요. 현수가 다른 아이들에게 당하고 나서 저에게 화풀이할 때가 있어요. 그럴 때 저도 대응을 하죠. 아픈 곳을 꾹

누른다든가 하면서요. 하지만 때리지는 않아요.

선생님 현수와 갈등이 생기지 않는 사람도 있는데, 왜 그렇지?

민호 현수가 관심 없어 하는 애들이랑은 문제가 생기지 않아요.

연지 맞아요. 현수랑 마찰 없는 애들이 있어요. 현수에게 관심이 없는 애들하고도 문제가 생기지 않아요.

호진 현수는 누군가가 자기에게 주목해 주기를 바라요.

수인 현수는 대체로 성격이 활발한 애들이랑 시비가 생기는 것 같아요.

대혁 저는 현수를 이유 없이 먼저 건드리게 돼요. 그러면 현수가 크게 반응을 하죠. 현수가 반응하면 저도 같이 반응하고요.

선생님 이유가 없는 게 아닌데? 현수의 반응이 재미있어서 그런 거잖아.

대혁 맞아요, 선생님. 생각해 보니, 재밌어서 그런 것 같아요. 장난이요.

선생님 너의 행동이 심하다고 말하는 애들도 있는데? 그런 경우라면 장난이라고 하기가 좀 그렇지 않나?

대혁 저도 심하다고 생각될 때가 있긴 해요.

선생님 지호는 어때?

지호 저도 현수를 먼저 건드려요. 현수가 화내는 게 귀여워서요.

선생님 현수도 지호가 자기를 귀여워한다고 생각할까?

지호 아니요.

선생님 현수가 싫어하는 줄 알면서도 그렇게 하는 진짜 이유가 뭐지? 현수를 놀리는 게 재밌어서 그런 건 아닐까?

영민 맞아요.

선생님 지난번에도 이런 사실을 인정했는데 왜 태도가 달라지지 않는 걸까?

영민 제가 생각이 없어서요.

선생님 그렇게 말하는 건 적절하지 않은 것 같다. 앞으로도 계속 그렇게 하겠다는 말로 들려. 고민을 좀 더 하고 대답했으면 좋겠어. 생각이 없어서 그런 게 아니라, 그게 잘못된 행동이라는 생각이 들지 않아서 그럴 수도 있고…….

선생님 다슬이도 얘기 좀 해 볼래?

슬비 저는 현수가 다른 애들 괴롭히는 게 너무 싫어요.

선생님 그래, 그럴 수 있지. 그런데 지난번 일을 봐서는 그렇게 생각할 수 없을 것 같은데. 현수는 김밥을 주겠다는 말을 믿었는데 안 주니까 화가 났고, 결국 싸우게 된 거잖아.

슬비 그렇긴 하지만 그래도 현수가 그러는 건 싫어요.

선생님 현수가 그러는 게 싫다고 해서 그런 식으로 현수를 놀리는 게 옳을까?

슬비 그건 아니지만 어쨌든 전 싫어요.

선생님 그럼 현수를 놀려서 화나게 하지 말고, 다르게 대해 보는 건 어떨까?

슬비 네.

선생님 진홍이는 어때?

진홍 현수는 도구로 찌르려고도 해요……. 하지만 대체로 제가 먼저 시비를 걸긴 해요.

선생님 현수랑 평화롭게 지낼 좋은 방법이 없을까?

용성 교탁 앞쪽에 현수를 따로 앉게 하는 건 어떨까요?

연지 그렇게 하면 칠판이 안 보이는 애들이 있을 거예요. 차라리 아영이 하고 둘이 앉게 하는 건 어때요?

선생님 둘이 도움반이라고 해서 같이 앉으라고 강요할 순 없어. 아영이 의사도 중요하잖아.

연지 그렇네요.

민호 현수가 앞에 앉아서 수업을 방해할 수도 있지 않을까요? 현수와 면담을 해 주시면 좋겠어요.

선생님 그래, 현수 만나서 얘기해 보고 도움반 선생님께도 의견을 구하고 나서 그 후에 결정하자.

주의할 점

① 학생들을 주체로 세운다는 것은 학생들에게 맡겨 두고 교사는 뒤에서 지켜보는 게 아니다. 학생들은 경험이 없기 때문에 무엇을 어떻게 해야 할지 잘 모른다. 그러므로 교사가 잘 이끌어 주어야 한다.

② 학급 자치 위원들이 가해학생에게 주눅 들어 아무 말도 못하게 되면 역효과가 날 수도 있다. 반대로 학급 자치 위원들이 가해학생을 집단적으로 비난하는 것도 바람직하지 않다. 가해학생이 반발심을 갖게 되거나 고립될 수 있기 때문이다. 교사는 학급 자치 위원들이 눈치 보지 않고 말할 수 있도록 분위기를 조성하되, 피해학생에게 공감하면서 가해학생에게 조언해 줄 수 있도록 유도해야 한다.

③ 교사는 말을 많이 하지 않고 학생들의 말을 이끌어 내야 한다. 그러려면 적절한 물음을 던지고 학생들이 답하도록 해야 한다.

3단계 : 평화로운 관계 맺기

우정 신문 만들기

우정 신문은 동아리 활동을 통해 제작하는 것도 좋다. 학교마다 보이스카우트, 청소년적십자RCY 들이 있듯이, '우정'을 주제로 활동하는 동아리가 있다면 폭력 문화를 평화 문화, 우정 문화로 바꾸는 데 도움이 될 것이기 때문이다.

평화로운 교실을 만들기 위해서는 학생들의 가치관 변화가 필수적이다. 이는 교과 수업, 학급 활동을 통해서도 가능하지만 동아리 활동으로도 할 수 있다. 교과 수업이나 학급 활동의 경우 교사의 지도적 역할이 큰 비중을 차지하는 데 비해, 동아리 활동은 학생들의 자발성이 더 큰 비중을 차지한다. 공식적인 활동 시간 외 다른 시간에도 학생들이 자율적으로 모여 활동하기 때문이다.

많은 교사들이 학급신문을 제작한다. 부지런한 교사는 매일 종례 신문을 만들기도 한다. 대개 전달 사항, 교사가 학생들에게 하고 싶은 말, 학생들이 쓴 글 들을 싣는다. 반면 우정 신문은 학생들이 자발적으로 '우정'이라는 틀을 통해 학생들 자신과 학급을 바라보도록 한다. 그래서 학생들 스스로 따돌림과 폭력이 만연한 문화를 공감과 배려를 바탕으로 한 우정의 문화로 바꿔 갈 수 있도록 한다.

방법

① 편집부를 따로 꾸려서 제작할 수도 있고 교사가 직접 만들 수도 있다. 편집부를 만든다면 그 편집부를 지도하는 데 세심하게 신경 써야 한다. 학생들은 경험이 없어서 뭘 어떻게 해야 할지 잘 모른다.

② 가장 중요한 것은 신문에 실을 내용을 선정하는 것이다. 그때그때 학급 현안을 내용으로 담을 수도 있고, 우정 교육을 위해 만들어진 프로그램을 담아낼 수도 있다. 따돌림사회연구모임 이혜미가 쓴 '학교폭력 예방을 위한 우정 교육 프로그램'에 담긴 다양한 아이디어도 응용해 볼 만하다.

③ 신문에 실을 내용을 선정했다면 그에 관해 학급 학생들의 생각을 모아 신문으로 편집한다. 학급 현안을 담는다면 설문 조사를 통해 생각을 적어 보도록 할 수도 있고, 학급 토론을 해 그 과정과 결과를 신문에 실을 수도 있다. 우정 교육 프로그램의 내용을 담는다면 학생들에게 활동을 하도록 하고 그 과정과 결과를 신문에 실으면 된다. 다음은 지금까지 발행한 우정 신문의 주제다.

우정 신문 주제의 예

- '나댄다'는 말의 의미 생각해 보기
- 가시선인장 허그 프로젝트 : 사람과 포옹을 하고 싶어 하는 가시선인장 이 어떻게 하면 바라는 바를 이룰 수 있을지 상상해 보는 활동

- 마니또에 대해 생각해 보기 : 일주일 동안 마니또 프로그램을 운영하고, 그에 대한 학생들 생각을 적게 하기
- 뒷담화 문화에 대해 생각해 보기
- 배려를 주제로 한 4컷 만화의 마지막 칸을 비우고 상상해 그리기
- 체육대회 반 티셔츠 제작 과정에서 생긴 갈등에 대해 생각해 보기
- 친하지 않은 친구와도 화목하게 지내는 방법 생각해 보기
- 1학기 평화와 우정 결산하기
- 2학기 반장과 부반장 후보자 소견문, 1학기 반장과 부반장의 소감문
- 우리 반 친구들에 대해 쓰기
- 장애 학생과 평화롭게 지내는 방법 생각해 보기

④ 프랑스에서 시작된 대안 학교인 프레네 학교에서는 관심사가 같은 친구들끼리 모여서 공부하고 그 내용을 모아 신문을 만든다고 한다. 그리고 각 학급에서 만든 신문을 다른 학급, 다른 학교에 보내서 공유한다. 우정 신문도 다른 학급과 공유할 수 있다. 신청을 받아 희망하는 학급 게시판에 게시하거나 신문 파일을 희망 학급 담임교사에게 보내면 된다. 신문을 공유함으로써 우정에 대해 생각해 보는 기회를 제공할 수도 있고, 학교 전체 문화를 바꾸는 데 기여할 수도 있다. 여러 학급이 우정 신문을 만들고 그것을 활발히 교류한다면, 학생들은 우정을 해치는 학교폭력에 대한 거부감을 공유하게 될 것이므로 폭력을 통해 다른 학생들에게 인정받으려는 시도가 줄어들 것이다.

주의할 점

① 우정 신문 만들기가 정규 교육과정에 포함되어 있다면 학생들은

'당연히 해야 하는 것'으로 생각하겠지만, 자치 시간 등을 활용해 하는 것이다 보니 활동에 대한 피로감을 느끼기도 한다. 그럴 때는 잠시 신문 만들기를 쉬어도 좋다.

② 우정 신문을 타 학급과 공유할 때는 혹시 학생들이 외부에 알리기를 원치 않는 내용이 있지 않은지 신경 써야 한다. 그런 내용으로 채워진 신문은 내부에서만 공유한다.

③ '우리 반 한 주간의 역사'를 고정 꼭지로 넣는 것도 생각해 볼 만하다. 다만 그렇게 하려면 성실하게 기록할 수 있는 담당자가 있어야 할 것이다. 1년간 기록해 모으면 그것이 '우리 반 1년 역사'가 된다. 이런저런 어려움과 기쁨을 함께 나누면서 살아 왔다는 기억은 이후 삶에도 긍정적인 영향을 미친다.

어울림을 이끌어 내는 관계 증진 프로그램

많은 학급에서 단합 대회를 한다. 고기 뷔페 가기, 음식 만들어 먹기들이 가장 흔한 프로그램이다. 단합 대회란 말 그대로 학급의 단합을 위해 하는 것이다. 그렇지만 대부분의 학생들이 단합 대회에서조차 친한 친구끼리만 어울린다. 아직 잘 모르는 친구들과 같은 조에 편성되면 구실을 만들어 불참하려 하기도 한다.

단합 대회다운 단합 대회를 하기 위해서는 학생들을 설득해 골고루 어울리게 해야 한다. 서로 어색하거나 잘 모르는 사이더라도 이 기회에 가까워지도록 노력해야 한다. 구체적인 프로그램에 대해서는 이 책에서 일일이 언급할 필요가 없다. 기존에 나와 있는 자료들 중에서 활용할 만한 것이 많기도 하고, 텔레비전 예능 프로그램에서 소개된 것들을 응용하면 단합 대회 프로그램으로 유용하게 활용할 수 있다.

프로그램을 짤 때 주의해야 할 점은 경쟁을 해서 순위를 매기는 것도 필요하지만, 다 같이 어울릴 수 있는 프로그램이 주가 되어야 한다는 것이다. 조별 대항 게임을 하다 보면 일부 조는 즐겁게 참여하지 않고 소극적인 모습을 보이기도 하는데, 이는 경쟁에서 이기기 어렵다고 판단해 의욕을 잃기 때문이다.

단합 대회 이외에도 소풍, 체육대회 응원, 합창 대회, 수학여행, 수련회에서 주어지는 반별 시간 들을 활용해 다양한 관계 증진 프로그램을 운영할 수 있다.

단합 대회 운영의 예

2012년 1학기 단합 대회는 평가가 썩 좋지 않았다. 긍정적으로 평가한 학생도 있었지만, 대체로 단합 대회가 관계를 친밀하게 하는 데는 별 도움이 되지 않았다고 했고 적극적인 참여가 이뤄지지 않았다는 평이 다수 있었다. 학급 자치 위원회에서 2학기에도 단합 대회를 해 보자고 의견을 모았다. 학급 학생들의 의견을 알아보고 최종 결정을 하기로 했다. 학급 자치 위원들이 알아본 결과 단합 대회를 하자는 의견이 다수여서 중간고사 직후에 하기로 했다.

1학기 단합 대회의 경우 준비할 시간이 적어서 프로그램을 담임교사가 기획했지만, 2학기에는 학급 자치 위원들이 기획하기로 했다. 24명 가운데 사정이 있는 4명을 제외하고 20명이 참여하기로 했으며, 덜 친했던 학생들끼리 조를 짰다. 처음 조를 편성한 뒤 4개 조 중 한 개조가 조용한 학생들만 배치됐다는 의견이 있어서 조 편성을 다시 했다.

단합 대회와는 별도로 학급 자치 시간에 '2-8 화목하기 위해 함께 궁리하기'라는 제목으로 설문 조사를 하려 했다.

2–8 화목하기 위해 함께 궁리하기

• 우리 반의 현재 상황 진단

- 따돌림이나 폭력은 없다. 다만 미묘한 벽이 있다고 생각한다. 남학생들과 여학생들 사이에 벽이 있고, 여학생들 내부에도 어울려 노는 무리와 또 다른 무리 사이에 벽이 있다.

- 남학생들은 대체로 서로 잘 어울려 논다. 몇 명이 놀고 있을 때 다른 사람이 끼어들기 쉽다. 끼어드는 사람도 별로 부담이 없고 놀고 있던 사람도 쉽게 받아 준다.

- 여학생들은 평소 어울려 노는 무리 사이에 다른 사람이 끼어들기 어렵다. 몇몇 학생들은 이 무리 저 무리 사이에 자연스레 끼지만 대부분은 그렇지 못하다. 기존에 어울리던 무리가 새로운 누군가를 끼워 주기 불편해하는 이유는 누군가가 끼어들어서 기존 질서에 변화가 생기는 것을 두려워하기 때문이다. 변화 과정에서 내가 외톨이가 되지 않을까 하는 불안감, 그것이 새로운 사람을 받아들이기 어렵게 한다.

- 여학생들 사이에 벽이 있는 것은 서로의 관심사가 다르기 때문일 수도 있다. 예를 들어 A그룹은 조용히 수다 떠는 걸 좋아하지만, B그룹은 노래방 가는 걸 좋아하기 때문에 서로 어울리기 어려운 것일 수도 있다.

위 진단에 동의하는가? 동의하기 어렵다면 우리 반 상황에 대해 나름대로 진단해 보자. 위 진단에 덧붙이고 싶은 말이 있다면 적으라.

• 무엇을 해야 할까?

 - 남학생들은 탁구와 축구라는 공통의 관심사가 있다. 점심시간이나 쉬는 시간에 이것을 하면서 서로 자연스레 어울리게 된다. 반면 여학생들은 공통의 관심사가 형성되지 않았다.

 - 그렇다면 여학생의 화목을 위해서 뭔가 함께 할 수 있는 것을 찾아야 한다. 여학생과 남학생 사이의 벽을 허물기 위해서도 뭔가 함께 할 수 있는 것을 찾는 게 도움이 된다. 남녀 간의 벽, 여학생들 사이의 벽을 허물기 위해 무엇을 하면 좋을까?

 - 여학생들 사이에 존재하는 변화에 대한 두려움, 기존의 친구와 멀어질까 봐 느끼는 불안감을 없앨 수 있는 좋은 방법을 제안해 보자.

설문 조사의 취지를 설명하는 과정에서 어떤 학생은 이렇게 문제를 제기하기도 했다.

"선생님, 우리는 잘 지내고 있는데 왜 이런 설문 조사를 하는지 모르겠어요. 선생님은 우리가 잘 지내지 못한다고 생각하는 것 같아요."

이 말에 여학생 몇몇이 공감을 표시했다.

"저희는 성격이나 취미가 맞는 친구들끼리 어울리는 것뿐이지, 다른 친구가 우리 사이에 끼어들면 변화가 생길까 봐 두려워하는 건 아니에요."

그래서 이렇게 대답해 주었다.

"물론 선생님은 너희들이 평화롭게 잘 지낸다고 생각해. 너희들도 알겠지만 선생님이 가끔 다른 선생님들 앞에서 학교폭력에 대해 강의도 하고 그러잖아. 강의할 때마다 우리 반이 평화롭다는 얘기를 꼭 해. 선생님 생각은 지금보다 더 잘 지냈으면 좋겠다는 거야.

선생님은 학교폭력이 심각성에 따라 '유사 따돌림, 고립-따돌림-괴롭힘-폭행'으로 나뉜다고 보는데, 사람들은 대개 '유사 따돌림이나 고립, 소집단 간 긴장감 있는 상황'은 문제가 없다고 생각해. 하지만 그런 상황은 언제든지 따돌림으로 발전할 수 있어. 그런데 선생님이 보기에 우리 반은 여학생들 사이에 긴장감이 있는 것 같아. 평소 친하게 지내는 친구 외에는 스스럼없이 말하기가 부담스러운 상황이라는 거지. 그래서 선생님은 뭔가를 해야 할 것 같아.

선생님이 생각하기에 화목한 교실은 몇몇 아이들이 놀고 있는 것을 보고 같이 놀고 싶을 때 스스럼없이 어울려 놀 수 있고, 같이 놀다가도 부담 없이 빠져나올 수 있는 학급이야. 그러니까 선생님 말은 평화로운 교실을 화목한 교실로 만들어 보자는 거지."

문제를 제기했던 학생도 이 말을 듣고서 수긍하는 눈치였다. 결국 설문 조사는 하지 않았다. 얘기하느라 시간이 많이 흐르기도 했지만 설문 조사의 목적을 충분히 달성했다고 생각했기 때문이다. 이렇게 이야기를 나눈 것이 단합 대회를 맞이하는 학생들의 마음가짐에도 긍정적인 영향을 미쳤을 것이라 생각한다.

그리고 학급 자치 위원들은 이런 단합 대회 프로그램을 만들었다.

- 첫 번째 미션은 상식 퀴즈. 담임교사가 문제를 내고 그것을 맞추는 조는 두 번째 미션으로 넘어갈 수 있다.
- 두 번째 미션. 음료수 다섯 가지 가운데 세 가지를 섞어 조원 가운데 한 사람이 마시고 어떤 음료수가 섞여 있는지 맞힌다.
- 두 번째 미션을 성공한 조는 다섯 가지 음식(닭볶음탕, 해물 떡볶이, 부대찌개, 스파게티, 카레) 가운데 하나를 선택해 재료를 구입하러 간다. 다른 조가 먼저 선택한 음식은 고를 수 없다.

단합 대회의 예 1. 음료수 맞히기 2. 부대찌개 만들기 3. 스파게티 만들기

• 한 시간 안에 재료를 구입해 와서 음식을 만들고 품평회를 해, 가장 맛있게 만든 조에게 상품을 준다.

학급 자치 위원회는 내게 상식 퀴즈 10문제와 품평회 상품을 준비해 달라고 요청했고, 나는 기꺼이 준비했다. 단합 대회는 시종일관 화기애애한 분위기에서 진행되었다. 품평회에서 세 조 가운데 두 조를 시상하고 상품으로 아이스크림을 준비했는데, 3등을 한 조가 "우리는 모두 1등, 그러니 모두에게 상품을 주세요"라며 결과를 받아들일 수 없다고 하는 바람에 결국 모두에게 아이스크림을 주었다.

수학여행 반별 시간 활용의 예

① 우리 반에 이런 사람 있나요? : 활동지를 나눠 주고 지시 사항에 해당하는 친구를 찾아 이름을 적는다. 칸을 다 채운 사람은 사회자에게 활동지를 제출한다. 먼저 제출한 몇 명에게 작은 선물을 준다. 게임을 통해 평소 어울리지 못했던 친구들과 접촉할 수 있는 기회를 준다.

② 생일잔치 : 수학여행을 전후해 생일을 맞이한 학생이 있다면, 약간의 과자와 음료수 들을 준비해 축하해 준다. 수학여행이라는 특별한 상황만으로도 좋은 추억거리가 될 수 있다.

③ 친구에게 하고 싶은 말 : 수학여행 가기 전에 미리 활동지를 작성하게 하고 활동지에 적힌 내용을 학생별로 정리해 둔다. 수학여행 반별 시간에 사회자가 한 사람 한 사람 호명하며 적힌 내용을 읽어 준다. 해당 학생은 친구들이 적어 준 내용을 듣고 소감을 말한다. 활동지를 한 번에 쓰게 하면 대충 써서 내는 학생이 많다. 조회 시간, 자치 시간 등을 활용해 한 번에 3~5명에 대해서만 하는 게 좋다.

활동지 1

우리 반에 이런 사람 있나요?

이름 :

지시 사항	이름
1. 이성 친구를 사귀고 있는 사람을 찾으세요.	
2. 몸무게 50kg 이상인 여학생을 찾으세요.	
3. 외아들(또는 외동딸)을 찾으세요.	
4. 누군가를 만나서 무릎을 꿇고 바라보며 이렇게 말합니다. "당신을 만난 것은 행운입니다. 당신 덕분에 모든 일이 잘 풀릴 것 같습니다." 말을 들어 준 사람의 이름을 적으세요.	
5. 사각팬티를 입고 있는 남학생을 찾으세요.	
6. 우리 반 담임 선생님을 존경하는 사람을 찾으세요.	
7. 친구에게 배신당해 본 경험이 있는 사람을 찾으세요.	
8. 지금까지 살면서 자기가 했던 가장 못된 행동을 얘기하고 그것을 들어 준 사람의 이름을 적으세요.	
9. 자신의 장점 다섯 가지를 말하고 그것을 들어 준 사람의 이름을 적으세요.	
10. 혈액형 O형인 사람을 찾으세요.	
11. 10년 후 목표 세 가지를 말하고 그것을 들어 준 사람의 이름을 적으세요.	
12. 가장 감명 깊게 본 영화의 제목과 내용을 소개하고 그것을 들어 준 사람의 이름을 적으세요.	

※ 주의 사항 : 12칸 각각에 적힌 이름이 중복되어서는 안 됩니다.

친구에게 하고 싶은 말

친구에게 하고 싶은 말, 궁금한 것을 적어 봅시다. 이 두 가지 중 하나는 꼭 적으세요. 솔직하게 쓰되 친구에게 상처가 되지 않도록 주의합니다. 적은 내용을 바탕으로 수학여행에서 우정을 나누는 시간을 갖겠습니다. 수학여행에 가지 않는 친구들에게도 써 줍니다. 비록 함께 가지는 못하지만 이야기는 모두 함께 나눕시다.

○○에게	하고 싶은 말	
	궁금한 것	
□□에게	하고 싶은 말	
	궁금한 것	
◇◇에게	하고 싶은 말	
	궁금한 것	
△△에게	하고 싶은 말	
	궁금한 것	
▽▽에게	하고 싶은 말	
	궁금한 것	

누구나 함께할 수 있는 놀이 문화 만들기

학생들은 누구나 친구들과 화목하게 지내고 싶어 한다. 그러나 한번 그룹이 만들어지면 폐쇄적인 경우가 많아서 관계가 고착된다.

그룹 내 학생들은 새로운 학생이 끼어들어 관계가 변하는 것을 꺼린다. 네 명이 어울리는 그룹이 있다고 하자. 네 명은 다시 두 명씩 더 친하게 지낸다. 이 그룹에 누군가가 새로 들어가 어울리기 시작하면 기존 관계에 변화가 생길 수밖에 없다. 변화 과정에서 그룹 내 외톨이가 생길 수 있고 단짝 친구와 관계가 멀어질 수도 있는데, 학생들은 이것을 두려워한다. 그룹 내 관계가 변하는 것이 두려워 폐쇄적이 되는 것이다.

간혹 교사가 폐쇄적인 관계를 허물려고 노력할 때 "성격이 다른 것뿐이에요", "좋아하는 취향이 달라서 그런 건데 왜 그러세요" 하면서 반발하는 학생들이 있다. 성격이나 취향에 따라 그룹이 만들어지는 것은 지극히 자연스러운 현상이지만, 그렇다고 해서 외부에 폐쇄적인 자세를 취할 필요는 없다. 성격과 취향의 차이는 폐쇄적인 행동을 정당화할 수 없다.

그룹 간 폐쇄성을 극복하기 위해 무엇을 할 수 있을까? 학생들에게 서로 친하게 지내야 한다는 잔소리는 별로 효과가 없다. 이럴 때 누구나 참여할 수 있는 놀이 문화가 있다면, 그룹 간 폐쇄성을 허물거나 외톨이 학생이 주변 학생들과 어울리는 데 도움이 될 것이다.

그 놀이를 하고 싶은 사람은 누구나 끼어들면 되고 놀이를 하다가 부담 없이 빠질 수도 있다. 관심사, 성격, 취향이 다른 학생들끼리 인위적으로 붙여 줘 봐야 서로 어색해하고 대화도 거의 나누지 않는다. 그러나 놀이 그 자체가 상호작용을 촉진하기 때문에 자연스럽게 친밀해질 수 있다. 놀이를 하면서 놀이에 대해 얘기도 나누고 스킨십도 하면서 가까워질 수 있는 것이다.

올해 우리 반 남학생들은 점심시간마다 체육관에서 축구를 하면서 서로 어울린다. 축구보다 스마트폰 게임에 더 열중하는 학생도 체육관에 가서 공도 차고 게임도 하면서 자연스럽게 어울린다. 1학기 초에는 책상 두 개를 붙여 놓고 쉬는 시간마다 탁구를 쳤다. 탁구와 축구가 골고루 어울려 노는 데 기여한 셈이다.

운동 이외에 보드게임, 공기놀이, 장기, 오목 들도 관계 증진에 도움을 줄 수 있다. 물론 이 놀이조차 그룹 내 친구들끼리만 하는 경우도 있다. 그럴 때는 학급 학생 전체를 대상으로 토너먼트 경기를 해 1, 2, 3등에게 작은 선물을 주면서 어울리도록 유도할 수 있다.

친구에게 말 걸기

거의 모든 교실에는 고립아(외톨이)가 있는데 대부분 이 학생들은 학교 폭력 피해 경험이 있다. 고립아 중에는 친구들과 친해지고 싶어서 끊임없이 뭔가를 하는 학생이 있다. 소동을 일으키는 학생이 있는가 하면, 주변 학생들을 웃기기 위해 끊임없이 농담을 하는 학생도 있다. 친근감을 표현하기 위해 장난을 거는 학생도 있다. 그런데 이런 시도는 대개 호응을 얻지 못한다.

스스로 고립을 선택하는 학생도 있다. 이런 학생은 누군가에게 다가갔다가 친구가 되는 데 실패할까 봐 두려워서 고립을 선택하며, 친구가 없어서 힘들지 않은지 물어 보면 괜찮다고 한다. 그리고 외톨이로 지내는 것을 스스로 선택한 삶의 방식일 뿐이라며 합리화한다.

고립아들을 다른 학생들과 관계를 맺도록 하는 일은 쉽지 않다. 고립

기간이 오랠수록 더 어렵다. 지도하려 했다가 저항에 부딪힐 수도 있다. 그래서 대부분의 교사들이 그냥 놓아둔다.

고립아가 갖고 있는 트라우마는 교사 혼자서 어찌하기 어렵다. 그래서 상담 전문가의 도움이 필요하다. 그렇다면 교사는 무엇을 할 수 있을까? 고립아에게 학급 아이들로부터 주목받고 솔직하게 자기를 드러낼 수 있는 기회를 주면 된다. 이것이 바로 '친구에게 말 걸기' 프로그램이다. 이 프로그램은 고립아만을 위한 것은 아니다. 학급 친구들 모두가 자기를 주목하고 자기에 대해 얘기해 주는 경험은 학급 학생 모두에게 좋은 경험이다.

방법

① 조회 시간에 '○○에게 말 걸기' 활동지를 작성하게 한다. 하루에 한 사람에 대해서만 쓰게 한다. 온전히 한 사람에 집중하도록 하는 것이다.

② 학생들이 적어서 제출한 것을 읽고 비난하는 내용이거나 지나치게 상처가 될 만한 것은 빼고 그날의 주인공에게 준다.

③ 그날의 주인공에게 '친구들 말을 듣고 보니'를 작성하게 한다.

④ 다음 날 조회 시간에 '친구들 말을 듣고 보니'를 본인이 발표하도록 하고, 다른 한 사람을 정해 그 사람에 대한 '○○에게 말 걸기'를 작성하게 한다.

○○에게 말 걸기

쓴 사람 :

1. 내가 생각하는 이 친구의 장점 또는 특기는?

2. 이 친구에게 고마운 점이 있다면?

3. 이 친구에게 부러운 점이 있다면?

4. 이 친구에게 상처받은 적이 있다면? (다음과 같이 이 친구가 어떤 말이나 행동을 했는지 쓰고 그로 인해 어떤 느낌이 들었는지 적습니다. "네가 내 지우개를 잃어버리고도 미안하다고 하지 않아서(말이나 행동) 화가 났어(느낌).")

네가＿＿＿＿＿＿＿＿＿＿＿해서＿＿＿＿＿＿＿＿＿＿＿했어.

5. 이 친구에게 미안한 점이 있다면?

6. 이 친구에게 궁금한 점이 있다면? (다음처럼 비꼬는 듯한 말투나 놀리는 말투로 쓰지 마세요. "넌 왜 키가 150이야?")

○○에게 말 걸기

쓴 사람 : 한지희

1. 내가 생각하는 이 친구의 장점 또는 특기는?

   친해지면 재밌다. 가족을 생각하는 마음이 깊다.

2. 이 친구에게 고마운 점이 있다면?

   반티 고를 때 의견 같은 걸 많이 말해줄 것.

3. 이 친구에게 부러운 점이 있다면?

   먹는 것에 비해 살이 완전 안찐다. 맨날 싸우는 것 같지만 남자친구랑
   오래오래 이쁘게 사귄다.

4. 이 친구에게 상처받은 적이 있다면? (다음과 같이 이 친구가 어떤 말이
   나 행동을 했는지 쓰고 그로 인해 어떤 느낌이 들었는지 적습니다. "네가
   내 지우개를 잃어버리고도 미안하다고 하지 않아서(말이나 행동) 화가
   났어(느낌).")

   네가_____아직 없엉ㅎ_____해서_____했어.

5. 이 친구에게 미안한 점이 있다면?

   너무 잘해줘서 없다^*^

6. 이 친구에게 궁금한 점이 있다면? (다음처럼 비꼬는 듯한 말투나 놀리
   는 말투로 쓰지 마세요. "넌 왜 키가 150이야?")

   갑자기 쓰려니까 없다! ㅎㅎ 나중에 생각나면 말해줄게.

친구들 말을 듣고 보니

다음처럼 친구들이 써 준 말에 대한 소감을 구체적으로 적습니다. "나는 가볍게 놀리는 것을 친근감의 표현이라고 생각했는데, 친구에게 상처를 주기도 했다는 것을 알았다. 앞으로는 조심해야겠다. 하지만 갑자기 고치려니 어색하다. 내가 하는 말에 혹시라도 상처를 받는다면 솔직하게 얘기해 주면 고맙겠다." "내가 축구를 좋아하는 건 순전히 재미있기 때문인데, 축구 잘하는 것을 장점이라고 얘기해 주니 왠지 뿌듯했다."

"_____하다는 말을 들으니 _____이다."
　　(친구가 써 준 내용)　　　　　　　　　　　　(느낌)

친구들 말을 듣고 보니

지영서

의외로 좋은 말들이 많은 것 같아 좋았다. 대부분 말 중에 화장 또는 눈썹에 대한 이야기가 많았다. 앞으로 남들의 눈을 지켜주기 위해 신경 좀 써야겠다는 생각을 했고 웃겼다. 그리고 예민하다는 지적이 있었는데 그건 고칠만한 점이라고 생각이 들었다. 그리고 반장 열심히 한다고 좋게 봐주는 친구들도 있어서 고맙고, 뿌듯했다. 그리고 이상한 말로 쓴 애도 있었는데 대충 뭔 말인지 알겠지만 조금 불쾌하기도 했다. 뭐, 내가 어쨌든 그 사람을 불쾌하게 한 거였으면 고쳐야 한다고 생각한다.

주의할 점

① 고립아가 아닌 학급의 전체 학생들에게도 이 프로그램을 적용하는 게 좋다. 친구들이 해 주는 격려의 말, 칭찬, 사과는 자기 자신을 긍정하게 해 주며 상처를 준 친구에게는 사과할 기회를 주기 때문이다.

② 고립아만을 위한 활동은 고립아에게 거부감을 주기 쉽고, 글을 써 주는 학생들도 부담을 느낀다. 학급 학생 전체를 대상으로 쓰면 모두가 그저 차례가 되었기에 쓰는 거라고 생각하므로 그런 부담을 느끼지 않게 된다.

4단계 : 영향력 나누기

여러 위원회 만들기

1년 동안의 학사 일정 속에는 여러 행사가 있다. 체육대회, 수학여행, 수련회, 소풍, 축제, 합창 대회 들이 그것이다. 거기에 단합 대회, 생일잔치 등 학급 행사가 있을 수 있다. 이러한 행사를 준비할 때마다 준비 위원회를 꾸려 학급 학생들이 골고루 인정받을 수 있는 기회를 마련하는 게 좋다. 꾸미기에 재능이 있는 학생은 환경 미화와 체육대회 응원 도구 준비 등에 참여하게 하고, 공부를 잘하는 학생은 시험 기간에 다른 학생들에게 요점 정리 강의를 하도록 할 수 있다. 활발하고 놀기 좋아하는 학생들은 단합 대회와 수학여행 준비 위원회에서 활동하게 하면 된다.

준비 위원회 구성원은 어떻게 뽑아야 할까? 자발적으로 나서는 학생이 있다면 별 어려움이 없을 것이다. 하지만 이 경우에도 주의해야 할 점이 있다. 매번 준비 위원회를 만들 때마다 같은 학생들이 위원이 되려고 하면 영향력을 골고루 나눠 갖기 어렵다. 반대로 자발적으로 나서는 학생이 없다면 위원회를 꾸리는 것 자체가 어려워진다. 학생들이 자발적으로 나서지 않는 이유는 뭘까? 첫째, 하고 싶지만 나댄다는 소리를 들을까 봐 눈치를 보는 것일 수 있다. 둘째, 학급에 대한 기대감이 없어서 의욕이 생기지 않는 것일 수도 있다. 각종 준비 위원회를 조직하는 것이 의미 있으려면, 특정 학생에게 따로 제안하는 방법과 공개적으로 모집하는 방법을 상황에 맞게 적절히 활용하면 된다. 학년 초에 각종 위원회에서 활동할 학생을 모두 뽑는 방법도 있다.

1인 1역할 갖기

1인 1역할 갖기는 기존에도 많이 하던 활동이다. 그러나 대부분 교사의 편의에 따라 역할을 줌으로써 학생들의 자발성을 끌어내는 데 한계가 있었고, 각각의 역할을 공식적 지위로 인정하기보다는 해야 할 의무로 규정했다.

따돌림사회연구모임의 곽은주는 "학급 학생들 모두에게 공식적 지위를 부여"하는 차원에서 1인 1역할 갖기를 실시했다. 이것이 의도대로 될 경우 영향력이 특정 학생에게 집중되는 것을 막고 다양한 학생들이 골고루 영향력을 나누어 가질 수 있다.

1인 1역할 갖기는 학생들의 자발성이 담보되지 않으면 담임교사의 손이 너무 많이 필요해진다. 학생들도 역할을 공식적 지위로 받아들이는 것이 아니라 의무로 받아들인다. 그러므로 시도했다가 의도대로 되지 않을 경우 포기하는 게 나을 수도 있다.

다음은 곽은주 교사의 학급에서 실시했던 1인 1역할 갖기의 예이다. 학기 말에 솔선수범상, 열정가득상, 마음나눔상을 수여해 칭찬도 해 주었다고 한다.

	1인 1역할 - 모두가 만들어 가는 2학년 2반				
1	인쇄 부장, 총무 부장	박현수	22	환기 부장	김설
2	안내장 나눔 부장	최재민	23	청소인 기록 부장, 컴퓨터 부장	전태훈
3	실내화 부장, 영어 부장, 서기, 분리수거 부장	김민수	24	주초고사 관리 부장, 수학 부장, 학습 부장	이범찬
4	책걸상 수리 부장, 부반장	박천수	25	시험 답 발표 부장	오장희
5	학급비 관리 부장, 과학 부장	이청용	26	숙제 기록 부장	오명호
6	학부모 통신 답신서 부장	김성훈	27	준비물 기록 부장	김태선
7	도서 부장	남성호	28	시험 답지 관리 부장	임현홍
8	책 대여 부장 1	이기우	29	컴퓨터용사인펜 관리 부장	황현희
9	책 대여 부장 2	황연재	30	칭찬 릴레이 부장, 우정 부장	김중헌
10	대출공책 관리 부장	박성준	31	자리쪽지 관리 부장	임종혁
11	독후감 부장, 물백묵 부장, 국사 부장	이순규	32	자리배치 종이 관련 부장	안철형
12	책 정리 부장	조영규	33	자리배치 칠판 관리 부장	안상태
13	일기 관리 부장, 통계기록 부장, 기가 부장	조미남	34	칭찬 릴레이 부장, 반장	지현웅
14	통계 담당 부장	김승현	35	코팅 부장	조상면
15	앙케이트 부장	임혁	36	응원도구 제작 부장, 음악 부장, 학급 체육 부장	윤석환
16	코팅 부장, 물백묵 부장	임선재	37	체육대회 참가자 모집 부장, 교과 체육 부장	김정준
17	자료 조사 부장, 도덕 부장	윤광중	38	응원 기획 부장, 국어 부장	정훈
18	냉난방 관리 부장, 환경 부장	이지훈	39	친선경기 주선부장, 미술 부장	유보석
19	청소도구 관리 부장, 분리수거 부장	백민혁	40	체력 및 신체 검사 부장, 사회 부장	정근석
20	분실물함 관리 부장	남도형	41	축제 장기자랑 기획 부장, 한문 부장	박설빈
21	마당쇠 기록 부장, 미술 부장	김경식	42		

곽은주 교사 학급의 1인 1역할 갖기

6장

5단계 : 평화와 우정으로 가는 중간 점검

과거 정리를 위한 학년 초 설문 조사

올해 같은 반에 편성된 학생들 중에는 지난해에도 같은 반이었던 학생이 여럿 있을 수 있다. 그 학생들 가운데 갈등을 겪었거나 학교폭력의 가해자, 피해자 관계였던 학생들이 있을 수 있다. 또는 지난해에 다른 반이었던 학생 가운데 왕따로 소문난 학생이 같은 반이 되었을 수도 있고, 약한 아이를 괴롭히기로 이름 난 학생이 같은 반이 되었을 수도 있다. 지난해 또는 더 이전에 있었던 일들이 학년 초 관계 형성에 나쁜 영향을 미치는 경우가 많다. 하지만 교사는 이에 대한 정보가 거의 없다.

학년 초에 과거를 파악하기 위한 설문 조사를 하면 몇 가지 이점이 있다. 첫째, 학생들의 과거 관계에 대한 정보를 얻을 수 있다. 물론 학생들이 솔직하게 적지 않는다면 별다른 정보를 얻지 못할 수도 있다. 서로 눈치를 보기 때문일 가능성이 높고, 대다수가 두려워하는 학생이 있어서 그럴 수도 있다. 그러므로 학생들이 솔직하게 적지 않더라도 의미가 없는 건 아니다.

활동지 5

과거를 정리하고 평화롭고 화목한 1년을 시작합시다

학년 반   이름 :

1. 예전부터 잘 지냈는데 같은 반이 돼서 마음 편한 친구가 있나요? 있다
   면 누구인가요?

2. 과거에 갈등을 겪었는데 해결하지 못해 불편한 느낌이 드는 친구가 있
   나요? 우리 반도 좋고 다른 반도 좋습니다. 있다면 누군지, 무슨 일로
   갈등을 겪었는지 적어 주세요.

3. 친구를 따돌리거나 괴롭히거나 때린 적이 있나요? 있다면 언제, 누구
   를, 왜, 어떻게 따돌리거나 괴롭히거나 때렸는지 적어 주세요.

4. 누군가로부터 따돌림, 괴롭힘, 폭행을 당한 적이 있나요? 있다면 언제,
   누구에게, 왜, 어떻게 당했는지 적어 주세요.

5. 우리 반 친구들 중에서 다른 친구를 따돌리거나 괴롭히거나 때린 적이
   있는 사람이 있나요? 그런 친구를 알고 있다면 누구인지, 언제 누구에
   게 어떻게 그랬는지 적어 주세요.

6. 친구들이 하는 말이나 행동 중에서 나를 괴롭게 하는 것이 있다면 적어
   주세요.

둘째, 과거에 가해자였거나 피해자였던 학생을 상담해 폭력을 예방할 수 있다. 과거에 피해자였던 학생은 담임교사에게 걱정과 두려움 그리고 과거 경험에 대해 털어놓음으로써 안정감을 얻게 되고, 가해자였던 학생은 담임교사가 자신의 과거를 알고 있으므로 행동을 조심하게 된다. 특히 가해자였던 학생을 두려워하는 학생들이 많다면, 그 학생이 급우들 앞에서 "앞으로는 친구들을 괴롭히지 않겠다"고 선언하도록 유도함으로써 두려움을 줄일 수 있다.

셋째, 설문 조사를 통해 별다른 정보를 얻지 못하더라도 과거에 가해자였던 학생들은 행동을 조심하게 된다. 설문 조사는 담임교사가 학교폭력을 예방하기 위해 애쓰고 있고, 문제가 일어났을 때 적극 대처할 것이라는 메시지를 주기 때문이다.

학급 발전 단계 점검하기

학생들 스스로 학급 상태를 점검하고 성찰한다면, 무엇이 문제인지 그 문제를 해결하려면 어떤 노력이 필요한지 구체적으로 고민해 보게 할 수 있다.

방법

① 설문지를 만들어 학생들에게 나눠 주고 자기가 생각하는 학급 발전 단계를 적어 보게 한다.

② 학생들이 적은 내용을 읽어 주고 나서 자유롭게 이야기를 나눈다.

③ 설문지 작성 과정을 생략하고 이야기를 나눌 수도 있다. 학급 발전 단계를 보여 주고 우리 반은 어떤 단계라고 생각하는지 이야기 나눈다.

몇 개의 모둠으로 나누어 이야기할 수도 있고 학급 전체가 함께 이야기할 수도 있다. 학급 상황에 따라서 적절한 방법을 택한다. 학급 발전 단계는 다음의 다섯 가지로 나눌 수 있다.

- 1단계_ 전쟁 상태 폭력적인 그룹이 있고 따돌림과 괴롭힘이 일상화된 학급, 힘을 보여주지 않으면 당할지 모른다는 위기감이 조성된 학급, 교사의 권위가 통하지 않고 폭력적인 아이들이 권력을 쥔 학급, 괴롭힘 문제로 전학을 가거나 결석하는 학생이 많은 학급 등.
- 2단계_ 적대적 공존 상태 적이 있어 위기 상황이지만, 적과 같은 공간에서 공존하는 학급, 힘의 논리를 인정하는 안정된 피라미드 구조를 이루는 학급, 따돌림과 괴롭힘이 교사의 통제에 의해 잠시 중단되었다가 다시 드러나는 반복적 양상을 보이는 학급 등.
- 3단계_ 평화 공존 상태 싸움은 일어나지 않으나 자기 영역이 분명해 서로에게 관심이 없고 개입하는 것도 싫어하는 학급, 소집단끼리 교류가 없고 폐쇄적인 학급, 서로의 무기를 숨기고 있을 뿐 일종의 '유사 학교폭력 상태'인 학급, 언제든지 적대적 공존으로 돌아갈 수 있는 학급 등.
- 4단계_ 화해 협력 상태 갈등이 일어났을 때 서로 도와 문제를 해결하고자 노력하는 학급, 서로를 긍정적으로 대하면서 유대감을 강화시키기 위해 노력하는 학급, 약점이 있으면 도와주는 협력적인 학급 등.
- 5단계_ 영구 평화 상태 교사의 개입이 없어도 갈등을 스스로 토론해 해결하고자 하여 싸움이 없는 학급, 모두가 화목하고 포용적인 이상적 학급 등.

학급 발전 단계 토의의 예

영민 내가 보기에 우리 반은 평화 공존 단계에 가까운 것 같아. 눈에 보이는 폭력이 없어서 평화로워 보이기도 하지만, 소집단끼리 교류가 없고 폐쇄적이야. 서로 눈치를 보기 때문에 학급 일에도 자신 있게 나서기가 어렵잖아.

한재 물론 그런 면도 있지만 화해 협력 단계에 해당되는 측면도 있어. 갈등이 생길 때 모른 척하기보다는 얘기를 해서 풀려고 하니까.

혜빈 한재 말도 일리는 있는데 우리 반이 갈등을 풀려고 하는 건 선생님 영향이 큰 것 같아. 선생님이 워낙 평화와 화목을 강조하셨으니까. 선생님이 없어도 우리가 화해 협력을 위해 노력하게 될까?

영서 나는 3단계에 가깝다고 생각하지만, 2단계의 특징도 있는 것 같아. 당장 무슨 일이 생기진 않지만 뭔지 모를 긴장감이 느껴지고 집단 사이에 보이지 않는 벽이 느껴져. 뒷담화 문화도 좀 있는 것 같고.

주의할 점

① 학급 상황을 특정 단계에 끼워 맞추려 하기보다는, 각 단계별 특징을 읽고 현재 학급 상황에 대해 구체적으로 생각해 보게 한다.

② 학급 상황에 대해 이야기를 나누고 난 뒤에는 더 평화롭고 화목한 학급을 만들기 위해 무엇을 하면 좋겠는지 이야기 나눠 본다.

학기·학년 말, 평화와 우정 결산하기

함께 지내 왔던 한 학기를 돌아보면 평화롭고 화목했던 기억도 있지만, 집단 간 갈등과 따돌림 등으로 얼룩진 기억도 있다. 과거를 바로 볼 수 있다는 것은 상처를 한 걸음 떨어진 곳에서 바라볼 여유가 생겼다는 의미이고 상처를 치유했다는 뜻이다. 이는 미래의 이야기를 희망적으로 써 내려갈 힘을 갖게 되었다는 뜻이기도 하다. 학기 말 또는 학년 말, 평화와 우정 결산하기는 바로 이러한 의의를 갖는다.

방법
① 설문지를 나눠 주고 작성하게 한다.
② 설문지를 걷은 뒤 학생들이 적은 내용을 읽어 주면서 이야기를 나눈다. 중간에 다른 학생이 쓴 내용을 듣고 어떤 느낌이 드는지 묻는다.
③ 함께 생각해 봐야 할 것들에 대해 질문하고 학생들 생각을 듣는다.
④ 교사의 느낌을 다음처럼 간략히 정리해 준다.
"여러분 이야기를 들으니 우리 반은 평화롭지만 아직 화목하다고 하기는 어려운 것 같네요. 동의하나요? 우리는 평화롭게 지내기 위해 마음을 솔직하게 드러냈고, 친구들 말에 귀 기울였으며, 공동 목표를 정하고 이루기 위해 함께 노력했어요. 어려움도 있었지만 우리는 평화롭다고 말할 수 있게 됐습니다. 이제 화목한 학급을 만들기 위해 노력해 봅시다."

2학년 8반, 1학기의 평화와 우정을 결산한다

1. 행사 또는 사건으로 보는 우리 반 친구들 사이의 관계

　1) 단합 대회

　　• 참여도, 적극성 측면에서 평가한다면?

　　• 참여도나 적극성이 부족했다면 왜 그랬을까?

　　• 단합 대회를 통해 더 친밀해졌다고 평가할 수 있는가?

　2) 도난 사건

　　• 도난 사건은 우리 반 친구 관계에 어떤 영향을 미쳤는가?

　3) 체육대회

　　• 반 티를 결정하는 과정에서 어떤 갈등이 나타났으며, 그것을 해결
　　　하면서 무엇을 잘했고 어떤 문제가 있었는가?

　　• 체육대회를 통해 결속력이 다져졌는가?

　4) 수학여행

　　• 수학여행 첫날 밤 반별 시간은 어떠했는가?

　5) 기타

　　• 그 밖에 기억에 남는 행사 또는 사건이 있다면 무엇이고, 그 이유
　　　는 무엇인가?

2. 1학기에 대한 전체적인 느낌을 한 문장으로 표현한다면?

• 우리 반은 _____다. 왜냐하면 _____

_____때문이다.

3. 내가 원하는 우리 반 모습

• 우리 반이 _____면 좋겠다.

• 이러한 우리 반이 되려면 나는 무엇을 해야 할까?

• 친구들은 무엇을 해야 할까?

4. 평화와 우정이 넘치는 반을 만들기 위해 제안하고 싶은 것은?(규칙, 행사 등 어떤 것도 좋음)

활동지 6 사례

2학년 8반, 1학기의 평화와 우정을 결산한다

1. 행사 또는 사건으로 보는 우리 반 친구들 사이의 관계

  1) 단합 대회

    - 나는 최대한 즐겁게 참여했다. 하지만 아이들이 자꾸 재미없다, 재미없다 해서 짜증이 났다. 준비가 덜 된 것은 사실이다. 친해지려 한 것인데 큰 도움은 되지 않았다.

    - 친밀해졌다.

    - 참여하지 않는 아이들도 있었고, 따로따로 놀아서 더 친밀해졌다고 할 수 없다.

    - 애들이 다 모이지 못해서 아쉬웠다.

    - 적극적인 아이들은 참여도가 높다. 단합 대회로 친밀도가 높아지는 건 잘 모르겠다.

    - 단합 대회 때는 솔직히 단합도 안 되고 그랬는데, 지금은 훨씬 괜찮은 것 같다.

    - 친해지긴 했는데 좀 아쉽다. 예전과는 다른 단합 대회가 신기했다.

    - 이미 친해진 상태에서 단합 대회를 해서 잘 모르겠다.

    - 우리 반은 뭔가 조용한 애들이 많고 적극적인 애들이 적다. 그러므로 더 친해진 것은 아닌 것 같다.

    - 단합 대회로 친해졌다고 느낀 게 전혀 없고 재미가 없었기 때문에 애들의 참여도나 적극성이 부족했던 듯하다.

    - 단합 대회는 그냥 우리끼리 하는 게 더 재밌었을 거 같다.

＊교사의 질문 및 훈화

거꾸로 적극적으로 참여하는 분위기였다면 더 재미있지 않았을까? 누군가가 준비한 자리에 참여만 하면 되는 이벤트성 행사와 달리, 단합 대회는 우리가 스스로 만들어 가는 것이니까.

2) 도난 사건

- 서로에게 경계심을 갖게 한 것 같다.
- 신뢰가 깨졌다.
- 한 아이의 이미지가 별로 안 좋아졌다.
- 아무 영향 없었던 것 같다.
- 내 지갑을 집에 두고 오게 했다.
- 서로 서먹서먹해졌지만 전학이라는 해결 방안이 그 위를 덮어 버렸다.

3) 체육대회

- 반 티를 결정할 때도 힘들었고 체육대회 때도 뭉쳐지지 않았다.
- 결속력이 다져졌다.
- 뒤에서 쑥덕거리는 분위기가 있었다.
- 반 티 결정 과정에서 갈등만 잔뜩 생겼다. 자기 의견을 내세우다 보니 불화가 생겼다.
- 반 티 가격이 비쌌고 남학생들은 거부감을 느꼈다. 남학생들 쪽에 너무 압박을 가하니 말하고 싶지 않았다.
- 관계가 조금 나아진 것 같다.
- 체육대회 후 친해진 것 같다.
- 마음에 안 드는 부분을 서로 잘 참은 것 같다.

- 적극적인 몇몇 아이들이 다른 아이들을 비난했다.

- 명령조로 얘기하는 것이 싫었다.

- 반 티를 정할 때는 개개인의 성격이 드러났다. 많은 주장과 논쟁을 통해 갈등을 겪은 후 체육대회에서 화합을 만들어 냈다.

- 결국은 해결됐으니 괜찮다. 재투표로 결정한 것은 참 합리적이었다.

4) 수학여행

- 그저 그랬다.

- 반별 시간에 했던 이상한 게임은 좀 별로였다.

- 유치한데 생각보다 재밌었다.

- 서로 더 친해진 것 같고 친밀감이 생겼다.

- 애들끼리 시간을 보낼 수 있어 좋았는데, 선생님이 융통성이 부족해 아쉬웠다.

- 우리 반 친구들의 못 보던 모습까지 볼 수 있어서 재밌었다.

- 뭔가 미흡했지만 재밌었다.

- 조금 더 재미있는 놀이를 하고 여자애들이 적극적으로 참여했다면 좋았을 것이다.

5) 그 외 기억에 남는 것

- 할머니 게임 ㅋㅋ.

- 우정 신문. 너무 독특한 생각인 것 같아서.

2. 1학기에 대한 전체적인 느낌을 한 문장으로 표현한다면?

- 우리 반은 어수선하다. 왜냐하면 그룹 지어서 시끄럽게 떠들어 통

제가 안 되기 때문이다.

- 우리 반은 재미있다. 왜냐하면 몇몇 아이들이 재밌게 이끌기 때문이다.

- 우리 반은 우정 신문이다. 왜냐하면 그것으로 진짜 속마음을 알 수 있으니까.

- 우리 반은 화목하다. 왜냐하면 항상 웃기 때문이다.

- 우리 반은 따로따로 논다. 왜냐하면 서로 경쟁하는 마음이 보이고 친해지고 싶은 생각이 없는 것 같기 때문이다.

- 우리 반은 따뜻하다. 왜냐하면 잘 챙겨주기 때문이다.

- 우리 반은 하나가 아니다. 왜냐하면 하나가 되려고 하지 않기 때문이다.

＊교사의 질문 및 훈화

화목하다고 평가하는 친구가 있는가 하면, 따로따로 논다고 말하는 친구도 있네요. 따뜻한 분위기라고 말한 사람이 있는가 하면, 하나가 되어 잘 지낼 생각이 없어 보인다고 말한 사람도 있고요. 이렇게 상반된 평가가 나온 이유가 뭘까요?

3. 내가 원하는 우리 반의 모습은?

- 우리 반이 하나가 되면 좋겠다.

  이러한 우리 반이 되려면 나는 우리 반을 사랑한다.

  친구들은 한 발 뒤에서 편견을 버리고 서로 이해하려고 노력한다.

- 우리 반이 다 같이 놀러 갔으면 좋겠다.

  이러한 우리 반이 되려면 나는 다른 애들과 놀려고 하고 얘기도 한다.

  친구들은 공부에만 집중하지 않고 다 같이 놀려고 해야 한다.

- 우리 반이 예의 있으면 좋겠다.

  이러한 우리 반이 되려면 나는 예의를 갖춘다.

  친구들은 도가 지나친 장난을 하지 말아야 한다.

- 우리 반이 단합을 많이 했으면 좋겠다.

  이러한 우리 반이 되려면 나는 단합하자고 조른다.

  친구들은 다 같이 조른다.

- 우리 반이 조금만 조용했으면 좋겠다.

  이러한 우리 반이 되려면 나는 조용히 한다.

  친구들은 제발 자리 배치 좀 잘했으면 좋겠다.

- 우리 반이 단합이 잘 되고 서로를 위해 주었으면 좋겠다.

  이러한 우리 반이 되려면 나는 친구에 대해 더 알아야 한다.

  친구들은 협동하고 배려해야 한다.

4. 평화와 우정이 넘치는 반을 만들기 위해 제안하고 싶은 것은?

  - 방학 때 놀러도 가고 같이 뭐 먹으러도 간다.

  - 지금 그대로 유지만 해 줬으면 좋겠다.

  - 단합 등 행사도 많이 했으면 좋겠고, 무엇보다 애들이 마음을 열어야

    할 것 같다.

주의할 점

① 부정적인 평가가 많을 경우 분위기가 무기력해질 수도 있다. 학생들이 적어서 낸 내용에 부정적인 것이 많을 경우, 모두 읽어 주기보다는 비슷한 내용 중 대표적인 것 한두 가지만 얘기해 주어도 된다.

② 교사는 학생들의 말을 모아서 전달하는 역할만 해서는 안 된다. 학생들이 함께 지내 온 과정에 대해 성찰하도록 해야 하고, 더 나은 내일을 꿈꾸게 해야 한다. 교훈적인 말을 많이 하는 것보다는 적절한 질문을 던지는 것이 좋다.

우리 함께 한 시간들의 기록장

부천부흥중 2학년 10반

차 례

발행인 장은영, 이해령
편집부장 박도현
편집 김예지, 이지혜, 최하늘, 최수진
도움 준 사람
담임 박종철
발간일 2009. 2. 11

나의 2007년, 우리의 2007년

21021 - 김하영

21006 - 김진서

21024 - 김유정

친구에게 이 상을 줍니다

1. 권순호

2. 김건

학급 문집의 예

6단계 : 마무리 활동을 통한 성장

학급 문집 만들기

지금은 학급 문집을 만드는 교사가 흔치 않지만 유행처럼 많이 만들던 시절도 있었다. 당시 대개의 학급 문집은 담당 학생 몇 명과 담임교사가 기말고사 직후부터 종업식 전까지 집중적으로 시간을 투자해 만들었다. 1년 생활을 고스란히 담기보다는 설문 조사, 교사 인터뷰, 롤링페이퍼, 우리 반 10대 사건 등 이벤트 성격이 강한 내용을 주로 담았다.

학급 문집에는 1년 동안의 이야기를 고스란히 담아야 한다. 문집을 만드는 과정은 1년을 성찰하는 과정이며, 문집에 담긴 이야기는 새로운 이야기를 써 내려갈 힘을 준다.

방법
① 1년 동안 학급을 운영하면서 학생들이 쓴 것들을 그때그때 모아 둔다. 학급 운영 계획서, 설문 조사 결과, 우정 신문, 학급 회의 회의록, 학급 자치 위원회 회의록, 학급 행사 사진, 국어 수업 시간에 쓴 글이나 수

행평가 과제물, 생일 축하 롤링페이퍼 등등이 그것이다.

　② 학급 문집 편집위원을 몇 명 뽑아서 문집 제목, 내용 등을 협의하고 각자의 역할을 정한다.

　③ 가능하다면 학교 예산을 지원받아 제작하고 그것이 어려우면 학생들에게 제작 비용을 걷는다. 학교 예산을 지원받으려면 전년도에 예산을 편성할 때 미리 반영하는 것이 좋다.

　④ '친구에게 이 상을 줍니다', '나의 2012년, 우리의 2012년', '친구에게 해 주고 싶은 말' 등 연말에 채워 넣을 내용들은 2학기 기말고사 이후 겨울방학이 시작되기 전에 쓰게 한다.

　⑤ 인쇄소와 가격, 제작 부수, 제작 기한 등을 협의하고 종업식 이전에 제작한다. 이별식을 하는 경우 이별식 하는 날에 나눠 주고, 그렇지 않으면 종업식 날 나눠 준다. 나눠 주는 걸로 끝내지 말고 주요 내용들을 함께 훑어보면서 1년을 함께 돌아본다.

이별식 또는 이별 여행하기

　좋은 느낌을 갖고 한 해를 마무리하는 것이 중요하다. 많은 순간 힘들었더라도 좋은 느낌으로 마무리하면 오랜 시간이 흐른 뒤에도 좋은 느낌으로 남는다. 세월은 기억을 풍화시키지만 느낌은 남는다. 좋은 느낌은 새로운 1년을 살아가는 힘이 된다. 좌절하거나 무기력에 빠지지 않고 희망을 갖게 해 준다.

　'헤어진다', '마지막이다'라고 생각하면 마음이 너그러워지고, 친구들이 해 주는 쓴소리도 들어 줄 수 있게 된다. 이별이라는 상황이 주는 특별한 심리 상태는 맺힌 것을 푸는 데도 큰 도움이 된다. 그러므로 이별식에는 성찰이 필요하고 반성, 용서, 화해가 있어야 한다.

이별식을 통해 평화로웠던 학급에서는 감춰져 있던 작은 갈등과 상처가 드러나면서 화해가 이뤄질 것이고, 그렇지 못했던 학급에서도 솔직하게 말하고 서로 넉넉한 마음으로 받아 주면서 맺힌 것들을 풀 수 있다.

방법

① 이별식 준비 위원회를 꾸린다. 담임교사는 준비위원들과 함께 프로그램을 기획한다. 함께 어울릴 수 있는 놀이, 1년을 돌아볼 수 있는 사진이나 동영상, 1년간의 느낌 나누기 등을 하면 된다.

② 유용한 프로그램들을 예로 들면 다음과 같다.

- 놀이 모둠별 요리 경연, 스피드 퀴즈, TV 프로그램을 응용한 게임.
- 1년 돌아보기 우리 반의 역사 돌아보기(담당자를 정해서 어떤 일들이 있었는지 발표하도록 하는데, 단순히 있었던 사실을 나열하는 것이 아니라 어떤 상처와 아픔이 있었는지, 기쁨과 성숙이 있었는지 얘기하도록 한다), 사진이나 동영상 보기.
- 1년간의 느낌 나누기 반 학생 전체를 동그랗게 앉아 1년 동안 지낸 느낌을 한 사람씩 돌아가며 이야기한다. 느낌을 말해 보라고 하면 막연하게 느낄 수 있으므로 얘기할 내용을 정해 주는 것이 좋다. 우리 반에 대한 첫 느낌과 현재의 느낌, 힘들었거나 상처받았던 기억, 즐거웠던 기억과 그 이유, 고마운 친구와 그 이유, 친구들과 선생님께 하고 싶은 이야기 등. 학생들에게 느낌을 말해보라고 하기 전에 교사가 먼저 자신의 느낌을 말하는 것도 좋다. 교사의 말을 들으면서 1년을 돌아보게 되고 자신의 느낌을 정리할 수 있기 때문이다.

교사의 말의 예

어떻게 헤어져야 하나 고민하다가 편지를 씁니다.

만남과 헤어짐은 늘 반복됩니다. 여러분은 3월이 되면 만나고 이듬해 2월이 되면 헤어지기를 11년째 반복하고 있습니다. 반복은 사람을 무뎌지게 합니다. 그러니 오늘의 헤어짐도 그저 덤덤하게 받아들이고 있을지도 모르겠습니다. 하지만 선생님은 잘 헤어지는 것이 참 중요하다고 생각합니다. 잘 헤어져야 다시 만났을 때 반가운 마음이 들기 때문이고, 잘 헤어져야 새로운 친구들을 만나서 더 화목하게 지낼 수 있기 때문입니다.

그렇다면 잘 헤어진다는 것은 무엇일까요? 좋았던 일만 기억하면서 헤어지는 것일까요? 아쉬움이나 상처도 공유하면서 헤어질 수 있어야 잘 헤어지는 것입니다. 좋았던 일에 대해서만 얘기 나누는 건 쉽지만 아쉬움과 상처까지 얘기하려면 속마음을 나눠야 하기 때문입니다.

우리 반은 대체로 평화로웠지만 아쉬움이나 상처로 남았던 일이 전혀 없었던 것은 아닙니다. 여러분에게 그런 일은 무엇인가요? 도난 사건을 겪은 후 같은 반 친구를 믿지 못하게 됐다는 사람이 있었는가 하면 체육대회 당시 반 티를 맞추는 과정에서 생겼던 갈등을 아쉽게 기억하는 사람도 있습니다. 뒷담화로 인해 상처를 받은 사람이 있는가 하면 선배와 마찰을 겪은 사람도 있습니다. 뭔가를 함께 하는 것에 대해 의욕을 보였던 사람이 있었는가 하면 별 흥미를 느끼지 않았던 사람도 있었습니다.

선생님에게도 아쉬움이 있습니다. 준비도 부족했고 여러분도 적극적이지 않았던 1학기 단합 대회가 그렇고, 다른 친구의 물건을 훔쳤던 ○○와 □□를 떠나보낸 일이 그렇고, 뒷담화로 인해 상처를 주고받은 사람들을 화해로 이끌지 못했던 일이 그렇습니다. 선생님의 개인 사정으로 여름 야영을 포기했던 일도 아쉽습니다. 겨울 여행을 남학생들하고만 다녀온 것도 두고두고 기억에 남을 것 같습니다.

하지만 따뜻한 기억도 있습니다. 무엇보다 거의 모두가 즐겁게 참여했던 2학기 단합 대회가 그렇습니다. 고기뷔페에 가거나 영화를 보는 흔한 단합 대회가 아니라 평소에 친하지 않았던 친구들과 같은 조가 되어 퀴즈를 풀고 음식을 만들어 먹었던 단합 대회는 말 그대로 단합을 위한 자리였습니다. 겨울 여행은 아쉬움으로 남기도 하지만 포기하지 않고 갔다는 것만으로도 대단한 일이었습니다. 숯에 불이 붙지 않아 애먹었던 일, △△가 가져온 동그랑땡 덕분에 진수성찬이었던 아침식사, 하얗게 눈 덮인 휴양림에서의 아침 산책 등 매 순간이 훈훈하게 기억됩니다.

자, 우리 잘 헤어집시다. 그리고 새롭게 만날 친구들과는 더 화목하게 지냅시다. 2학년 때 느꼈던 아쉬움을 1년 뒤에는 느끼지 않도록 애씁시다. 해마다 이맘때면 여러분은 반편성이 어떻게 됐는지 무척 궁금해합니다. 한 가지 당부하고 싶습니다. 친한 친구와 떨어지게 될까 봐 걱정하기보다 새로 만날 친구들과 어떤 이야기를 만들어 갈지 기대했으면 좋겠습니다. 여러분은 친구들에게 인디언식 이름을 하나씩 지어 주었고 친구들로부터 여러 개의 이름을 받았습니다. 마음에 드는 이름은 소중하게 간직하고 마음에 들지 않는 이름은 자신을 돌아보는 거울이라 생각하기 바랍니다.

선생님이 초콜릿을 준비했습니다. 옛날 사람들에게 초콜릿은 힘과 지혜의 원천으로 여겨졌다고 합니다. 2012년의 기억이 여러분에게 힘과 지혜의 원천이 되길 바라는 마음이 간절합니다. 평화롭고 화목한 2013년, 꿈을 이루는 2013년이 되길 바랍니다.

2012년 2학년 8반, 여러분의 담임이었던 박종철

3부

학교폭력
해결 매뉴얼

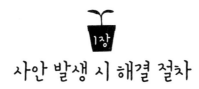

사안 발생 시 해결 절차

담임교사, 학교폭력 책임교사, 학교폭력 전담기구, 학교폭력대책자치위원회, 관리자 들의 역할이 명확하지 않다 보니 사건이 일어났을 때 효과적으로 대처하기가 어렵다. 이는 현행법이 가지고 있는 큰 문제이다. 각자의 역할을 명확히 하고 서로 협조해야 효과적으로 대처할 수 있다. 학교폭력예방 및 대책에 관한 법률 14조 3항에서는 "학교의 장은 교감, 전문 상담 교사, 보건교사 및 책임교사(학교폭력 문제를 담당하는 교사를 말한다) 등으로 학교폭력 문제를 담당하는 전담기구(이하 '전담기구'라 한다)를 구성"해야 한다고 명시하고 있다.

여기에서는 학교폭력의 대부분을 차지하는 '학급 내 폭력 사건'에 초점을 맞춘다. 학급 간, 학년 간 폭력 사건에 대해서는 뒤에서 간단히 언급한다.

2012년 3월 교과부에서 마련한 〈학교폭력 사안 대응 지침(교원용)〉은 사안 발생 시 처리 절차를 다음과 같이 안내한다.

단계	처리 내용	비고
폭력 사건 발생 인지	• 사건 현장 목격, 117신고센터 통보, 신고 등을 통해 사건 발생을 인지한 교사, 학생, 학부모 등은 **학교폭력 전담기구(책임교사 등)**에 신고	
신고 접수 및 학교장 보고	• 학교폭력 전담기구는 신고된 사안을 신고대장에 반드시 기록하고, 학교장, 담임교사에게 보고하며, 가·피해학생 학부모에게 통지 • 사안이 중대한 경우, 학교장 및 자치위원장에게 즉시 보고	학교폭력 전담기구
즉시 조치	• **피해학생과 가해학생 즉시 격리** ㅡ 신고·고발한 학생도 피해학생의 수준에서 가해학생으로부터 보복행위를 당하지 않도록 조치 **피해학생** ㅡ 〈아동·청소년의 성보호에 관한 법률〉에 따라 **성폭행**에 대해서는 **반드시 수사기관에 신고**하고, 성폭력 전문 상담기관 및 병원을 지정해 정신적·신체적 피해 치유 ㅡ 피해학생의 신체적·정신적 피해를 치유하기 위한 조치 실시 **가해학생** ㅡ「초·중등교육법 시행령」제31조의 5에 해당하는 사안의 경우 학교장은 **가해학생에 대해 출석정지** ㅡ 가해학생의 선도가 긴급한 경우, **학교폭력예방 및 대책에 관한 법률 제17조 제4항**에 따라 학교장은 가해학생에 대한 조치를 취한 후, 자치위원회에 즉시 보고해 추인	학교장 학교폭력 전담기구 담임교사
사안 조사	• 학교폭력 전담기구에서 구체적인 사안 조사 실시 ㅡ 가·피해학생 면담, 주변 학생 조사, 설문 조사, 객관적인 입증자료 수집 등 ㅡ 가·피해학생 심층 상담 ㅡ 조사한 결과를 바탕으로 가해자와 피해자 확정 ㅡ **성폭력의 경우 비밀 유지에 유의**	학교폭력 전담기구 담임교사
가·피해학생 부모 면담	• 조사 결과에 대해 부모에게 알리고, 향후 처리 절차 등에 대해 통보	학교폭력 전담기구 담임교사
처리 방향 심의	• 자치위원회 개최 시기 결정	학교폭력 전담기구
자치위원회 개최 및 조치	• 가해학생 및 보호자에게 의견 진술의 기회를 부여하는 등 적절한 절차를 거쳐야 함 • 자치위원회를 개최해 가·피해학생에 대한 조치 결정	
결정 통보 및 재심 안내	• 자치위원회의 결정을 가해자와 피해자 및 그 보호자에게 통보 • 통보 시 재심을 받을 수 있는 방법 안내	학교장
조치 실행 및 사후 관리	• 학교장은 자치위원회의 조치 요청이 있는 경우, **14일 이내에 해당 조치를 해야 함** • 가해학생과 그 보호자가 조치를 거부하거나 회피하는 경우 **관련 법령에 따라 징계 또는 재조치** • 교육감에게 조치 및 그 결과 보고 ※ 학교폭력 예방 및 대책에 관한 법률 제19조 • 가·피해학생이 안정적인 학교생활을 할 수 있을 때까지 심리치료, 재활치료, 생활지도 등 실시 • 가·피해학생 소속 학급, 필요 시 학생 전체를 대상으로 학교폭력 예방교육 실시	학교장 담임교사 전 교원

이 지침에 따르면 즉시 조치 단계, 사안 조사 단계, 가해·피해학생 부모 면담 단계에서 학교폭력 전담기구뿐만 아니라 담임교사도 일정한 역할을 해야 한다. 그러나 여기에도 담임교사가 해야 할 역할, 전담기구가 해야 할 역할이 구체적으로 명시되어 있지 않다. 현실을 보면 어떤 학교에서는 담임교사에게 알아서 해결하라며 떠넘기기도 하고, 어떤 학교에서는 담임교사가 아무것도 하지 못하게 한다. 앞에서도 언급했지만 학교폭력을 해결하자면 가장 중요한 역할을 해야 할 사람은 담임교사다. 전담기구, 학교장, 상담 교사 들은 담임교사가 학교폭력을 잘 해결할 수 있도록 도우면서 자기 역할을 수행해야 한다.

앞에서도 언급했듯이, 담임교사가 적극적으로 나설 수 있으려면 해야 할 역할에 맞는 법적 권한과 책임이 있어야 하고 그것을 다할 수 있는 제도를 마련해야 한다. 그러나 현실은 그렇지 못하다. 현실적 한계 안에서 그나마 담임교사에게 공식적 역할을 부여하는 방법은 학교폭력 전담기구에 가해·피해학생의 담임교사를 포함하도록 학칙에 규정하는 것이다. 다음 표는 담임교사, 상담 교사, 전담기구(책임교사), 학교장의 역할을 구체화한 사안 처리 절차이다.

이 절차는 대체적인 해결 절차를 안내한 것으로 사안의 성격, 경중에 따라서 이 절차에 안내된 순서와 다르게 해결해야 하는 경우도 많다. 이 절차는 참고 자료로만 활용하면 된다.

처리 과정	담임교사	책임교사	상담 교사	비고
폭력 사건 발생 인지	• 사안 발생을 인지한 사람은 담임교사와 책임교사에게 알림			
피해학생 조사	• 담임교사는 피해학생을 안심시켜 솔직하게 말할 수 있게 함. 피해학생의 얘기를 듣고 학교폭력 사안인지 여부를 판단. 판단이 어려울 경우 책임교사에게 도움 요청	• 담임교사와 함께 학교폭력 사안인지 판단하고 학교폭력 사안일 경우 담임교사가 파악한 내용을 바탕으로 피해학생 조사	• 학생이 두려움 등의 이유로 사실을 밝히기 어려워할 경우 상담 교사가 피해학생을 면담 • 상담 교사는 피해학생의 심리를 안정시키고 심리적 피해 정도, 과거의 피해사실 여부를 파악. 상담 교사의 면담 과정은 그 자체로 치유가 될 수 있음	
처리 방향 협의	• 담임교사가 자체 해결할 수 있는 사안인 경우 담임교사가 해결 (해결 후 전담기구에 알린 뒤 종료) • 학교폭력대책자치위원회를 개최해 해결해야 하는 사안인 경우 담임교사, 책임교사, 상담 교사, 보건교사 등 전담기구 구성원 각각의 역할을 정함			전담기구
주변 학생 조사	• 설문 조사, 면담 등의 방법 활용	• 담임교사가 조사하기 어려워하거나 추가 조사가 필요할 경우 조사		
객관적 입증 자료 수집	• 증거자료(증거물, 설문 조사, 면담 자료 등)를 최대한 확보	• 담임교사와 함께 증거자료 수집		
가해학생 조사	• 가해 사실 인정받기, 보복행위 하지 않도록 지도	• 담임교사의 가해학생 조사를 돕고 필요할 경우 직접 조사	• 가해학생이 솔직하게 말하지 않거나 심리적으로 위축되어 있는 경우 상담을 통해 솔직하게 말할 수 있게 함	
피해학생, 가해학생 심층 상담	• 필요할 경우 가·피해학생 추가 조사	• 담임교사의 추가 조사 과정을 돕고 필요하다면 직접 조사	• 필요할 경우 가·피해학생 심층 상담	
가해학생 부모 면담	• 감정을 배제하고 객관적으로 설명	• 담임교사와 함께 가해학생 부모 면담 • 사안 처리 절차, 일정 안내	• 가해학생의 심리 상태와 관련해 설명이 필요하다면 면담 실시	
피해학생 부모 면담	• 피해학생 부모의 마음에 공감해 주고 안심시키기 • 조사 결과를 객관적으로 설명 • 그동안 이상한 점은 없었는지 묻기 • 사안 처리와 관련해 바라는 점 파악하기	• 담임교사와 함께 피해학생 부모 면담 • 사안 처리 절차, 일정 안내	• 담임교사, 책임교사와 함께 자리해 피해학생의 심리 상태에 대해 설명해 주고 학생의 안정을 위해 부모가 해야 할 일 안내	
처리 방향 결정	• 담임교사가 자체 해결할 수 있는 사안인지 학교 폭력 대책 자치 위원회를 개최해야 할 상황인지 판단 • 가·피해학생과 그 부모가 원할 경우 학교폭력대책자치위원회에서 분쟁 조정함. 학교폭력 대책 자치 위원회가 분쟁 조정이 필요하다고 판단하는 경우 가·피해학생의 동의를 얻어서 분쟁 조정을 함 • 가해자 선도·피해자 치유 프로그램 마련 • 담임교사는 학급 학생 전체를 지도할 프로그램 마련			전담기구

단계별 학교폭력 해결 매뉴얼

피해학생 조사하기

학교폭력이 일어난 것을 인지하면 피해학생을 만나 사실을 확인하는 것이 무엇보다 중요하다. 상담을 통해 피해학생의 고통에 공감하고 문제 해결 가능성을 보여 주면서 사실을 확인하는 것이 좋다.

고통에 공감하기, 문제 해결 의지 보여 주기

사건을 해결하는 데는 담임교사가 그 문제를 어떻게 알게 되었는지가 큰 영향을 미친다. 담임교사가 문제를 먼저 인지한 뒤 피해학생 부모에게 전화를 하면 피해학생 부모의 신뢰를 얻기 쉽지만, 그 반대의 경우에는 피해학생 부모에게 신뢰를 얻지 못할 수도 있다. "상황이 이렇게 되도록 담임은 뭐했냐?" 이런 말을 듣기 쉽다.

학교폭력의 속성, 즉 가해학생뿐만 아니라 피해학생도 연기를 하며 사실을 감춘다는 것을 안다면 학부모도 그렇게 생각하지 않겠지만, 거의 대부분의 학부모가 그것을 잘 모른다. 만약 학부모가 먼저 문제를 인지

하고 담임교사에게 연락했고 담임교사를 믿지 못하는 상황이라면, 담임교사를 믿게 하는 것이 가장 먼저 할 일이다.

사건이 교사와 학교에 알려지는 순간, 피해학생은 극도로 불안해한다. 보복에 대한 두려움 때문인데, 이 불안감을 해소해 주려면 우선 피해학생의 고통에 공감해야 한다. 피해학생은 잔뜩 위축된 상태이기 때문에 쉽게 입을 열지 않는다. 담임교사가 그 마음을 읽어 주면 피해학생은 조금씩 교사에게 마음을 연다. "정말 힘들었겠구나", "네가 뭘 걱정하는지 안다" 이런 말을 해 주며 피해학생이 마음을 열게 해야 한다.

다음으로는 문제 해결 의지를 보여 주어야 한다. 문제를 해결하지 않고 넘어가면 계속해서 피해를 당할 것이고, 문제를 확실하게 해결해야만 더 이상 피해를 입지 않는다는 믿음을 주어야 한다. 대부분 사건 처리를 확실하게 하면 보복 등 2차 피해를 막을 수 있다. 가해학생이 피해학생을 협박하는 것은 불안하기 때문이라는 것을 알려 준다.

피해 사실 조사

피해학생이 언제부터 어떤 형태의 폭력에 시달려 왔는지 확인한다. 아직 사건이 공개되지 않은 상황이라면 피해학생 면담은 가해학생이나 다른 학생들이 모르게 하는 게 좋다. 그래야 피해학생이 솔직하게 이야기할 수 있는 분위기를 만들 수 있다. 예를 들면 상담실에 가는 것처럼 해 조사할 수도 있고, 등교하자마자 교실로 가지 말고 다른 곳으로 오도록 해 조사할 수도 있다. 방과 후에 따로 조용히 부를 수도 있다. 되도록 구체적으로 이야기하도록 유도하고 가해학생이 누구인지도 확인한다. 폭행의 흔적, 녹음 자료, 휴대폰 문자나 사진 등 증거자료가 남아 있는지도 확인한다.

피해학생이 말하기를 두려워하거나 어려워할 때 횡설수설해 사실을 파악하기 힘들 수 있다. 그럴 때는 글로 쓰게 한 뒤 그것을 바탕으로 질문을 하면서 무슨 일이 있었는지 파악하는 게 좋다. 이런 상황이 아니더라도 글을 쓰게 한 뒤 대화하면 사실관계를 파악하는 데 도움이 된다.

> 오늘 1교시 쉬는 시간 사이에 욕 문자가 왔습니다. 답장을 보내지 않고 혜진이한테 누군지 알겠냐고 문자 자신도 모른다며 알아본다고 나갔고, 김정희가 왔습니다. 그리고 제가 자기 욕을 했다고 몰아붙이며 욕을 하기 시작했고, 박소현과 이혜진에게서 제가 자기 욕을 했다고 들었다고 했습니다. 제가 그러지 않았다고 하자 제 눈이 이상하게 떤다며 눈을 깔라고 했고 큰 소리로 욕했습니다. 다른 반 애들이 구경하러 왔고, 전 그냥 가만히 있었습니다.

위 글은 학교폭력 피해를 입었다며 직접 신고한 학생이 쓴 글이다. 이 내용만 가지고는 무슨 일이 왜 벌어졌는지 파악하기 어렵다. 또한 이 학생이 쓴 글이 사실인지 판단하기도 힘들다. 학생이 쓴 글을 읽고 질문을 하면서 진실을 찾아가야 한다. 아래와 같은 질문을 던질 수 있을 것이다.

- 김정희는 이 글을 쓴 학생이 자기를 욕했다고 했는데 그게 사실인가? 했다면 무슨 욕을 했는가? 하지 않았다면 김정희가 그렇게 생각하는 이유는 무엇일까?
- 김정희는 이 글을 쓴 학생이 자기를 욕했다고 했는데 본인이 직접 그 욕을 들은 것은 아닌 것으로 보인다. 그렇다면 이 글을 쓴 학생이 김정희를 욕했다고 김정희에게 말해 준 학생은 누구인가?
- 이혜진이 누가 문자를 보냈는지 알아본다며 나갔고 잠시 후에 김정희와 박소현이 왔다. 그렇다면 이혜진은 누가 문자를 보냈는지 짐작했다는 것인데 어떻게 그럴 수 있었을까?

• 박소현과 이혜진은 이 글을 쓴 학생이 김정희를 욕했다고 말했다. 박소현과 이혜진이 왜 그렇게 말했다고 생각하는가?

이야기를 하다 보면 이 글을 쓴 학생과 박소현, 김정희, 이혜진이 어떤 관계인지 파악할 수 있다. 이들 사이에서 과거에 어떤 일이 있었는지 파악하거나, 그렇지 못하더라도 무엇을 더 알아봐야 할지 판단할 수 있다.

이 학생과의 면담이 끝나면 박소현, 김정희, 이혜진도 불러서 이야기를 나눠 봐야 한다. 특히 글을 쓴 학생과 박소현, 이혜진의 관계에 대해 심층적으로 알아볼 필요가 있다.

글을 쓴 학생의 말이 진실일 수도 있지만 박소현과 이혜진의 말이 진실일 수도 있다. 교사는 피해학생을 안심시키고 피해학생 편에서 이야기를 들어 주어야 하지만, 진실이 드러나기 전까지는 '이 학생이 피해자이다'라고 단정하지 말아야 한다. 학교폭력 사안의 경우 피해학생인 줄 알았던 학생이 가해자인 경우도 많고 서로 가해자이면서 피해자인 경우도 흔하기 때문이다. 진실이 드러나기 전에 교사가 판단을 해 버리면 균형 감각을 잃게 되고 진실에 다가가기 어려워진다.

피해학생에게 과거 경험을 묻는 것도 중요하다. 피해학생들은 과거에도 피해를 경험한 경우가 많기 때문이다. 피해학생은 과거의 피해 경험을 말하는 것만으로도 큰 위로를 받는다. 그동안 아무에게도 이야기를 할 수 없었기 때문이다. 교사가 피해학생의 과거 피해 경험을 알고 있으면 피해학생 학부모와 이야기하는 데도 도움이 많이 되고 신뢰도 얻을 수 있다.

때로는 피해학생이 피해 사실을 부인하는 경우도 있다. 분명히 폭력 피해를 당하고 있는 걸로 보이는데 당사자가 괜찮다고 하는 경우 교사는 답답하기 그지없다. 이럴 경우 피해학생의 마음을 읽어 주는 것이 솔직한 대답을 이끌어 내는 방법이 되기도 한다.

- 보복이 두려워서 사실을 감추는 것은 아닌가?
- 친구란 무엇일까? 가해학생과의 관계가 정상적인 친구 관계라고 생각하는가?
- 주변 학생들은 가해학생과의 관계를 어떻게 보고 있을까? 주변 학생들도 둘 사이를 친구 관계라고 생각할까?

이 같은 질문을 던지면서 가해학생과 피해학생의 관계가 평등한 친구 관계인지, 가해학생이 다른 학생들 앞에서 '센 척'하기 위해 피해자를 더욱 괴롭힌 것은 아닌지 확인한다.

피해학생에 대한 면담을 마치고 나면 책임교사에게 사실을 알린다. 학교폭력 책임교사는 피해학생 면담 방법, 피해학생 학부모와의 면담 방법, 폭력 사실 확인 방법, 가해학생 면담 방법, 가해학생 부모 면담 방법, 학급 학생 전체에 대한 지도 방법 등에 대해 담임교사와 상의하고 담임교사가 상황에 적절히 대처할 수 있도록 도와야 한다.

전문 상담 교사의 면담이 피해학생의 마음을 안정시키는 데 도움이 될 수 있다. 피해학생은 정신적 상처를 많이 입었음에도 불구하고 태연한 척하거나 드러난 사건 이전의 일을 감추는 경우가 많다. 드러난 사건이야 어차피 처리되겠지만, 이전에 있었던 사건을 말할 경우 그것을 빌미로 보복을 당할까 봐 두려워하기 때문이다.

상담 교사의 면담은 사실 관계를 캐묻는 데보다는 피해학생이 입은 정신적 상처를 드러내는 데 초점을 맞춘다. 상담 교사와 이야기하는 과정에서 피해학생은 그동안 얼마나 고통스러웠는지 표현할 수 있을 것이며, 이전에 있었던 사건에 대해서도 이야기할 것이다.

상담 교사의 면담은 그 자체로 '상처 치유'의 의미도 갖는다. 어디에서도 말할 수 없었던 일들을 이야기하는 것만으로도 피해학생은 심리적 안정을 얻게 된다.

가해학생 면담 전 주변 학생 조사하기

피해학생과 얘기를 나눈 직후에 가해학생을 불러 가해 사실을 확인하는 담임교사도 있다. 그러나 이는 위험하다. 증거자료가 확보되지 않은 상황에서 섣불리 조사하면 가해학생들이 가해 사실을 부인하는 경우가 많기 때문이다. 그러므로 가해학생을 불러 면담하기 전에 주변 학생들을 조사할 필요가 있다. 주변 학생 조사가 필요하다고 판단되면 책임교사와 협의해 누가, 어떤 방식으로 조사할지 결정한다. 대개는 담임교사가 조사하는 것이 좋다. 학급 상황을 담임교사만큼 잘 아는 사람은 없기 때문이다.

믿을 만한 학생이 있다면 따로 몰래 불러서 사실을 확인하는 것도 좋다. 단, 피해학생의 친구를 불러 조사하는 일은 조심해야 한다. 피해학생의 친구가 가해자인 경우도 많기 때문이다. 친구처럼 보이는 관계에서 발생하는 폭력이 많다는 것을 잊지 말아야 한다.

믿을 만한 학생들을 조사한 후에는 학급 전체 학생을 대상으로 조사해 사실관계를 좀 더 정확히 확인한다. 이 단계가 되면 폭력 사건이 공개된다. 학생들 대부분이 눈치채기 때문이다. 학급 전체 학생에 대한 조사는 아래와 같은 방법으로 한다.

1. 학생들과 함께 학교폭력에 대해 정의한다. 직접적 폭행뿐만 아니라

일상적 괴롭힘, 따돌림, 은밀한 공격(악의적으로 험담하기 등) 들도 폭력일 수 있음을 알게 한다. 이때 피해학생이 당한 일들도 폭력에 포함된다는 것을 인지시킬 필요가 있다. 단, "우리 반 누가 이러저러한 피해를 당했다"고 말하기보다는 '○○한 행위'도 폭력이라고 지적하는 식으로 이야기하는 것이 좋다.

2. 백지를 나눠 주고 학급에서 일어나는 폭력 행위들을 쓰게 한다. 누가, 누구에게, 언제, 어떻게, 왜 그랬는지 되도록 자세히 쓰게 한다.

3. 학생들이 적은 내용 가운데 진실을 아는 데 단서가 될 만한 내용이 있지만 좀 더 조사가 필요할 경우, 해당 학생을 불러 직접 묻는다. 그 학생만 불러서 이야기할 경우 다른 친구들로부터 고자질한 것으로 의심받을 수도 있으므로 다른 학생도 몇 명 불러서 이야기한다. 즉, 그 학생이 비난을 받지 않을 수 있도록 배려한다.

4. 조사한 결과를 정리해 피해학생과 가해학생을 가려낸다.

"'○○○가 ○○○를 괴롭힌 사건'에 대해 아는 대로 쓰시오"라고 직접적으로 물을 수도 있지만, 위에 제시한 것처럼 학급 내에서 벌어지는 모든 학교폭력에 대해서 쓰라고 하는 것이 더 나을 수도 있다. 직접적으로 물으면 학생들이 더 부담스러워하기 때문에 솔직하게 쓰지 않을 가능성이 크다.

학급 학생 전체를 대상으로 설문 조사를 실시할 때는 분위기를 잘 만드는 것이 중요하다. 가해행위에 직·간접으로 참여했던 학생들은 설문 조사 분위기를 우습게 만들어 버리기도 한다. 다른 학생이 쓰는 내용을 힐끔거리면서 솔직하게 쓰지 못하게 하는 경우도 있다. 분위기가 한번 망가지면 설문 조사를 통해 얻을 수 있는 정보가 거의 없을 수도 있으므로 주의해야 한다.

가장 먼저 학생들에게 설문 조사의 취지를 잘 설명해야 한다. 가해자에게 잘못에 상응하는 책임을 지게 해야 또 다른 피해자가 생기는 것을 막을 수 있고, 가해자 본인도 반성할 수 있는 기회가 된다는 것을 알려준다. 이번 기회에 불편하고 긴장된 분위기를 해소하고 즐거운 교실 생활을 해 보자는 말도 덧붙인다. 취지를 설명하고 난 다음에는 설문지를 작성할 때 절대로 옆 사람이 쓴 것을 보지 말라고 강조한다. 이때는 단호한 분위기를 만들며 이야기해야 한다.

학급 학생 전체를 대상으로 설문 조사를 한 뒤 가해학생이 낌새를 채고 누가 무슨 내용을 썼는지 캐묻고 다니기도 한다. 그러므로 교사는 설문 조사를 마치고 교실에서 나오기 전에 이런 말을 덧붙이는 것이 좋다.

"아마 선생님이 나가고 나면 주변 학생들에게 뭐라고 썼는지 캐묻고 다니는 학생이 있을지도 모르겠어요. 그 학생은 뭔가 찔리는 게 있는 사람이겠지요? 괜히 캐묻고 다니면서 공포 분위기를 조성하는 일이 없었으면 좋겠어요. 만약 그런 행동을 한다면 더 무거운 책임을 지게 될 거에요. 선생님이 아무것도 모를 거라고 생각한다면 그건 착각이에요."

가해학생이 할지도 모르는 행동에 대해 교사가 먼저 이야기하면 가해학생은 심리적으로 위축되어 함부로 행동하지 못한다.

가해학생 면담하기

교사가 가해학생을 면담할 때의 키워드는 '예상치 못한 반응하기(학생의 전략에 끌려다니지 말고 교사 자신의 전략에 따라 면담한다)'다. 일단 사건 조사를 시작하면 가해학생의 머릿속도 복잡하게 움직인다. 가해학생은 자기가 어떤 말을 하면 교사가 어떻게 대응할 거라고 머릿속에 그림을 그리면서 면담에 응하는데, 자칫 교사가 가해학생의 전략에 휘말리면 사실을 밝혀내기가 어려워진다. 많은 경우 학교폭력 사건은 증거가 없어서 학생들의 진술에만 의존하게 된다. 그런데 가해학생이 끝까지 거짓말을 하면 해결이 어려워진다. 가해학생의 예상을 뛰어넘는 반응을 함으로써 교사는 가해학생을 당황하게 만들고, 자기 전략에 따라 문제를 풀어 가야 한다.

예를 들어 가해학생에게 "너 ○○ 괴롭혔지?"라고 물으면 "아닌데요, 친구라서 장난친 건데요"라고 대답하는 경우가 많다. 이럴 때 교사는 가해학생이 거짓말한다고 생각하면서 옥박지르기 쉬운데, 가해학생은 끝까지 장난이라고 하면서 학교폭력임을 인정하지 않는다. 증거자료가 없거나 주변 학생의 진술이 확보되지 않은 상황에서 가해학생이 발뺌하기 시작하면 가해 사실을 증명하기 힘들다. 이럴 때 옥박지르기보다는 "아, 장난친 거구나. 네 말대로 장난이라면 상대방도 장난이라고 생각하겠네?"라고 말하면 가해학생은 당황하게 된다. "장난이라면 너도 상대방도 장난이라고 생각해야 하는 거잖아? 너는 장난이라고 생각하는데 상대방은 괴로워하고 있다면 그것은 장난일까? 아닐까?" 이렇게 그 학생에게 재차 물으면 대답하기가 쉽지 않을 것이다.

"선생님이 ○○ 만나 보니까 너를 두려워하고 있더라고. ○○는 장난이라고 생각하지 않는 거지. 자, 다시 한 번 물을게. 선생님이 보기엔 장난이 아니라 괴롭힘인 것 같은데 네가 생각할 때는 어떠니?" 가해학생을 면담할 때는 이렇게 가해학생의 심리를 정확히 짚어 주면서 이야기해야 효과적이다. 교사가 자기의 심리를 파악하고 있다고 느끼면 가해학생은 대개 그동안 있었던 일들을 순순히 인정한다. 그러고 나면 사건을 해결하기 수월해지고 가해학생을 지도하기도 쉬워진다.

"때렸지?"

"그냥 툭 친 건데요."

"돈 달라고 요구했지?"

"걔가 먼저 준다고 한 건데요."

가해학생을 면담할 때 이렇게 말 한두 마디를 가지고 실랑이하는 경우가 있는데 군이 그럴 필요 없다. 툭 쳤다고 하더라도 그것이 피해자에게 괴로움을 주었다면 폭력이다. 피해자가 먼저 돈을 준다고 했더라도 앞뒤 정황을 살피면 폭력인지 아닌지 가려낼 수 있다. 설사 한두 가지 사실에 대해 인정하지 않는다고 해도 다른 사실들을 통해 폭력임을 입증하면 된다. 인정하지 않은 것에 대해서는 차후 지도 과정을 통해서 인정하게 하고 반성하게 할 수 있다.

가해학생에 대한 면담을 마치면서 보복할 경우 더 무거운 처벌을 감수해야 한다는 사실을 알려 준다.

가해학생 부모 면담하기

경찰은 제3자 입장에서 사건에 접근하지만 교사는 그렇지 않다. 피해학생과 가해학생을 교육하는 입장이기 때문이다. 교사가 제3자가 아니라는 조건은 가해학생 부모와 피해학생 부모로부터 공격받는 이유가 되기도 한다. "왜 이 지경이 되도록 선생님은 몰랐습니까?" 가해학생 부모와 피해학생 부모가 담임교사를 공격할 때 가장 많이 하는 말이다. 피해학생 부모는 이런 말을 하면서 담임교사에 대한 불신을 드러내고, 가해학생 부모는 책임을 담임교사에게 돌리려 한다.

그러나 담임교사도 웬만해서는 폭력 사건을 미리 발견하기 어렵다. 가해학생과 피해학생 모두가 연기를 하기 때문이다. 가해학생은 장난으로 위장하고, 피해학생도 자기가 따돌림당한다는 것을 인정하기 싫거나 보복이 두려워서 아무렇지도 않은 듯 연기한다. 학생들이 연기한다는 것을 간파하고 문제 발생을 사전에 예방하는 것은 쉽지 않은 일이다. 그러므로 사건 발생 자체를 담임교사의 책임으로 돌리기보다는 잘 처리할 수 있도록 권한을 주는 것이 더 중요하다.

물론 담임교사가 책임져야 할 일이 있을 수도 있다. 예방 활동을 소홀히 했거나 사건을 인지하고도 아무 조치를 취하지 않았다면, 그 책임은 담임교사가 져야 한다.

가해학생의 부모에게 사안에 대해 설명할 때는 감정이나 교사의 판단이 섞인 말을 사용하는 것을 피해야 하며, 있었던 사실만을 이야기해야 한다. 교사의 감정이나 판단이 섞인 말을 들으면 가해학생 부모도 감정적으로 대응할 수 있다. 자기 자녀를 보호하기 위해서 피해자가 원인을 제공했다고 주장하거나 담임교사를 공격할 수도 있다. 교사는 가해학생의 잘못을 지적하기에 앞서 가해학생의 부모가 피해학생의 상황을 이해하고 그 부모의 분노에 공감할 수 있도록 유도해야 한다.

때로는 가해학생 부모의 마음을 읽고 공감해 주는 것이 도움이 된다. 비슷한 사안으로 몇 차례 학교를 와 본 부모라면 '공격이 최선의 방어'라는 마음으로 학교, 담임교사, 피해학생을 비난하기도 하는데, 이때 담임교사가 "어머님도 속 많이 상하시죠? 전화 받고 얼마나 놀라셨겠어요"라고 말하면 태도가 부드러워지기도 한다.

피해학생 부모가 가장 바라는 것은 자녀가 안전하게 학교에 다니는 것이다. 그러므로 피해학생 부모는 재발 방지 약속을 가장 바란다. 가해학생 부모가 상황 판단을 마치고 자기 자녀의 잘못을 인정하면 피해학생 부모에게 전화해서 사과할 것을 권유한다. 단, 피해학생 부모가 가해학생 부모와 통화하는 것을 원하지 않는다면 피해학생 부모의 연락처를 가해학생 부모에게 알려 주어서는 안 된다.

피해학생 부모 면담하기

피해학생 부모를 면담할 때 가장 먼저 할 일은 피해학생 부모의 마음을 충분히 공감하는 것이다. 피해학생 부모의 격한 감정이 가라앉고 나면 담임교사는 해결 의지를 보여 주면서 믿음을 주어야 한다. 피해학생 부모를 통해서 사건을 알게 된 경우가 아니라면, 사실관계를 어느 정도 파악한 뒤에 피해학생 부모와 면담하는 것이 좋다(이때 사실관계 파악은 빠를수록 좋다). 피해학생 부모는 담임교사로부터 전화를 받으면 무슨 일이 있었는지 자세히 알고 싶어 하는데, 담임교사가 구체적으로 설명하지 못하면 담임교사와 학교를 불신하게 될 수도 있기 때문이다.

피해학생 부모가 가해학생을 만나고 싶다고 하는 경우가 종종 있다. 이는 되도록 말려야 한다. 좋게 타이르기만 할 테니 만나게 해 달라고 하지만, 막상 만나면 감정이 격해져서 가해학생을 윽박지르거나 협박하거나 심지어는 때리는 경우도 있다. 만약 피해학생 부모가 가해학생을 때리기라도 하면 문제가 복잡해진다.

피해학생 부모가 끝까지 뜻을 굽히지 않고 가해학생을 만나겠다고 한다면 교장·교감 선생님의 도움을 받는 것이 좋다. 피해학생 부모는 아무리 감정이 격해져 있는 상황이라고 하더라도 교장·교감 선생님이 있는 곳에서는 웬만하면 감정을 누그러뜨리기 때문이다.

사안 설명이 끝나면 최근에 이상한 행동을 하지 않았는지, 과거에도 폭력 피해를 입은 적이 있는지 묻는다. 피해학생 부모가 담임교사를 신뢰하게 됐다면 과거에 겪은 일도 이야기해 줄 것이다.

사안에 따라 해결 방향 결정하기

앞의 과정이 마무리되면 전담기구는 처리 방향을 협의한다. 피해학생과 그 부모의 바람도 고려해야 한다. 사안의 성격에 따라 담임교사 선에서 지도하는 것으로 마무리 할 수도 있고 학교폭력대책자치위원회를 열어 처리할 수도 있다.

가해학생과 피해학생을 위한 사후 지도

사후 지도의 핵심은 '가해학생의 반성'과 '피해학생의 치유'이다. 이를 위해서 학급 자치 위원회(진실과 화해 위원회)를 적극 활용한다.

가해학생의 반성

가해학생이 자신의 행동을 진심으로 반성하게 하는 것이 중요하다. 가해학생이 반성하지 않는다면, 피해학생에게 보복을 할 수도 있고 다른 학생에게 또 다른 가해 행동을 할 수도 있기 때문이다. 그런데 진심으로 반성하게 하는 것이 쉬운 일은 아니다.

우선 가해학생에게 가해 행동을 통해서는 다른 학생들에게 인정을 얻을 수 없다는 사실을 인식시켜야 한다. 가해 행동을 하는 이유는 주변 학생에게 인정을 받기 위해서다. 앞에서 언급했듯이 학교폭력은 인정욕망을 왜곡된 방식으로 충족하려는 것이다. 가해 행동을 통해서는 인정받을 수 없을 뿐만 아니라 비난받게 된다는 것을 알게 된다면, 가해학생은 더 이상 폭력을 사용하려 하지 않을 것이다.

그다음에는 가해 행동을 책임지게 함으로써 가해 행동으로 불이익을 받게 된다는 것을 알려 주어야 한다. 온정적으로 처리할 경우 가해학생은 오히려 '아, 이런 짓을 하다 걸려도 크게 문제되지 않는구나'라고 생각할 수도 있다. 물론 처벌이 능사는 아니다. 가해학생을 전학 조치하거나 퇴학시키는 경우가 종종 있는데, 이는 가해학생을 피해학생으로부터 격리시키는 효과는 있으나 가해학생의 반성을 이끌어 내는 데는 일정한 한계가 있다. 전학이나 퇴학 조치는 피해학생의 보호를 위해 불가피하거나 가해학생의 폭력이 매우 심각할 때만 제한적으로 내리는 것이 좋다.

피해학생의 치유

누구보다 상처받고 힘든 사람은 피해학생이다. 가해학생은 진심으로 반성하고 나면 주변 학생들과 평화롭게 지낼 수 있지만, 피해학생은 트라우마가 생겨서 전문적 치유 과정이 필요할 수도 있다. 학교에 전문 상담 교사가 있다면 지속적인 상담이 이루어지도록 하고 필요하다면 지역 청소년 상담센터, 학교폭력 피해자 치유 프로그램 실시 기관 등 전문기관과 연결해 준다.

피해학생에게 중요한 것은 대인관계에서 자신감을 회복하는 일이다. 특히 다른 친구들이 보는 교실 안에서 피해를 당했다면, 학급 학생 모두를 대상으로 한 지도 과정을 통해 피해학생의 자존감을 회복시켜야 한다. 학급 학생 전체에 대한 지도 방법은 다음 3장에서 자세히 서술한다.

학급이나 학년이 다른 경우 대처 방법

가해학생과 피해학생이 서로 다른 학급이거나 다른 학년일 경우에는 피해학생 담임교사, 가해학생 담임교사, 학교폭력 책임교사가 소통하면서 일관된 태도로 대처할 필요가 있다. 피해학생의 담임교사가 피해학생의 말만 믿고 판단하거나 가해자의 담임교사가 가해학생의 말만 믿고 판단해 담임교사 간 갈등으로까지 번지는 경우가 종종 있는데, 이럴 경우 피해학생은 더 큰 상처를 받게 된다.

3장

사건 발생 시 학급 학생 전체 지도 방법

주변 학생들에 대한 이해

대부분 폭력 사건은 교실에서 벌어진다. 그렇기 때문에 피해학생이 입는 정신적 상처는 상상 이상으로 크다. 많은 급우들이 보는 앞에서 괴롭힘을 당한 것이기 때문이다. 그렇다면 사건의 직접 당사자가 아닌 주변 학생들 마음속에서는 무슨 일이 벌어질까?

주변 학생들이 보이는 반응은 다섯 가지 유형으로 나누어 볼 수 있다.

첫째, 전혀 무관심한 듯 보이는 학생. 이 학생은 겉으로 보기에는 무관심한 것처럼 보이지만 실제로는 그렇지 않다. 상황에 휘말리기 싫어서 무관심한 듯 행동할 뿐이다.

둘째, 불안에 떠는 학생. 이 학생은 과거에 학교폭력 피해를 입은 경험이 있거나, 피해까지는 아니더라도 관계 속에서 상처받은 적이 있는 학생일 가능성이 높다. 이 학생은 직접적인 피해자는 아니지만 간접적인 피해자라고 할 수 있고, 이런 학생이 있기 때문에 가해학생이 더욱 기고만장해지는 것이다.

셋째, 가해자에게 동조하는 학생. 가해 행동에 동참하는 정도에는 차이가 있을 수 있으나 가해 행동에 동참함으로써 자기도 세다는 것을 인정받고 싶어 한다. 이런 학생은 피해자가 되지 않기 위해서 일부러 가해 행동에 동참하기도 하는데, 이 경우 피해학생에 대해서는 가해자이지만 가해학생에 대해서는 피해자 위치를 갖기도 한다. 즉 가해학생에게 괴롭힘을 당하면서 피해학생을 괴롭히는 것이다.

넷째, 피해학생을 보면서 안타깝게 여기는 학생. 이 학생은 정의감이 있으나 피해학생을 도와주었다가 입게 될 피해에 대한 두려움이 더 크기 때문에 쉽게 나서지 못한다.

다섯째, 정의롭게 가해자에게 문제 제기하는 학생. 담임교사가 이런 학생의 행동을 지지해 주지 않으면 상처받기 쉽고 인간에 대한 불신을 갖게 될 우려도 있다. 이런 유형의 학생은 드물게 나타난다.

이 다섯 가지 유형 가운데 어디에 속하든 주변 학생들은 폭력 사건에 영향을 받는다. 그러므로 교실에서 일어난 폭력 사건은 엄밀하게 말하면 제3자(또는 방관자)는 없다고 봐야 한다. 주변 학생들에 대한 적극적인 지도가 필요한 이유가 바로 여기에 있다.

주변 학생들에 대한 지도가 필요한 또 한 가지 이유는 폭력을 용인하지 않는 학급 분위기를 만들어야 하기 때문이다. 가해학생이 피해학생을 거리낌 없이 괴롭히는 것은 그 같은 행동을 용인하는 학급 분위기, 가해 행동을 보며 즐거워하는 분위기, 가해학생에게 겁먹는 분위기가 있기 때문에 가능한 것이다. 학급에 정의로운 분위기를 만들면 가해학생은 가해 행동을 더 이상 지속할 수 없다.

반성, 사과, 용서, 화해를 위한 학급 회의

사건 조사가 끝나고 나면 가해학생과 피해학생에 대해 적절한 조치를 하는 한편, 학급 회의를 통해 학급 구성원 모두가 함께 생각해 보는 시간을 갖는다. 학급 회의가 갖는 의미는 다음과 같다.

첫째, 가해학생이 부담을 느껴서 더 이상 가해 행동을 하지 못하게 한다. 자신의 행동에 대해 학급 친구들이 보내는 불편한 시선은 가해학생에게 큰 부담으로 작용한다. 그래서 학급 회의 뒤에 가해 행동이 억제되는 경우가 많다.

둘째, 학교폭력 문제에 대해 공론화할 수 있다. 대개 폭력 문제는 학생들 사이에서는 모르는 사람이 없을 정도로 많이 노출되어 있음에도 불구하고 공론화되지는 않는다. 이 같은 분위기가 학교폭력을 더욱 심각하게 만든다. 폭력 문제가 발생하면 공론화하고, 함께 해결한다는 인상을 줌으로써 평화로운 학급 분위기를 만들 수 있다.

셋째, 피해학생의 자존감을 회복시켜 줄 수 있다. 학급 회의를 통해 가해학생의 사과를 받고 여기에 학급 친구들의 위로, 미안함 들이 보태지면 피해학생은 자존감을 서서히 회복할 수 있다.

넷째, 학교폭력이 가해학생과 피해학생만의 문제가 아니라 학급 구성원 모두의 문제임을 알게 해 준다. 가해학생과 피해학생의 학급 구성원 모두는 간접 가해자이거나 간접 피해자이다. 간접 가해자와 간접 피해자가 함께 고민하고 노력할 때만 평화로운 교실을 만들 수 있다는 것을 학급 회의를 통해 느낄 수 있다.

방법

① 학급 회의는 이렇게 진행한다. 먼저 종이를 한 장씩 나눠 주고 몇 가지 질문에 답하게 한다.

피해학생에게 하고 싶은 말	
이런 내용을 포함해서 쓸 것	• 위로의 말, 공감하는 말 등

가해학생에게 하고 싶은 말	
이런 내용을 포함해서 쓸 것	• 가해학생이 피해학생을 괴롭히는 것을 보면서 들었던 느낌 • 가해학생에게 하는 진심 어린 충고

우리 반이 화목해지기 위해서 내가 할 일

② 가해학생에게는 사과하는 글을 학급 회의 전에 미리 작성하도록 권한다.

피해자에게 사과할 내용	
이런 내용을 포함해서 쓸 것	• 내가 너였다면 어떤 심정이었을 것이다. • 다른 아이들이 보는 데서 폭력(따돌림)을 당했기 때문에 네가 어떤 심정이었을 것이다. • 어떤 행동이나 말을 해서 미안하다(구체적으로).

학급 아이들에게 하고 싶은 말	
이런 내용을 포함해서 쓸 것	• 피해자를 괴롭힐 때 웃거나 함께 괴롭힌 아이들에게 하고 싶 은 말 • 피해자를 보며 안타까웠지만 차마 도와주지 못한 아이들에게 하고 싶은 말 • 피해자를 도와주었다가 상처받은 아이에게 하고 싶은 말

우리 반 친구들 앞에서 하는 약속	
이런 내용을 포함해서 쓸 것	• 센 척하지 않겠다는 약속 • 피해자뿐만 아니라 다른 아이를 괴롭히는 일도 없을 것이라는 약속 • 화목하고 평화로운 반을 만들기 위해 노력하겠다는 약속

③ 피해학생에게도 학급 회의 전에 미리 다음 질문에 답하는 글을 쓰도록 권한다.

가해학생에게 하고 싶은 말	
이런 내용을 포함해서 쓸 것	• 가해학생의 어떤 행동이나 말이 괴로움을 주었는지 구체적으로 쓰기 • 가해학생의 폭력으로 인해 얼마나 고통스러웠는지 쓰기 • 가해학생에게 바라는 점
우리 반 친구들에게 하고 싶은 말	
이런 내용을 포함해서 쓸 것	• 우리 반 친구들에게 바라는 점

④ 다 적고 나면 우선 사건 당사자가 아닌 학생들이 쓴 것을 발표하게 한다. 물론 억지로 발표를 시켜서는 안 된다. 발표를 대체로 부담스러워 하는 분위기라면 학생들이 쓴 글을 담임교사가 모아서 대신 읽어 주는 것도 괜찮은 방법이다. 이때 누가 쓴 것인지는 밝히지 않는 것이 나을 수도 있다.

⑤ 가해학생이 발표하게 한다. 가해학생이 발표하기를 꺼려 할 수도 있다. 이런 경우 미리 발표의 필요성에 대해 이야기하며 설득한다. 간혹 끝까지 발표를 거부하기도 한다. 가해학생이 발표를 꺼리는 이유는 무엇일까? 사과하는 것을 수치스럽게 생각하기 때문일 수 있다. 그동안 가해학생은 가해 행동을 통해서 학급 아이들에게 세다는 걸 인정받는다고 생각했을 것이다. 그런 생각을 가지고 있던 가해학생이 학급 친구들 모두가 지켜보는 앞에서 사과하는 일은 쉽지 않을 것이다. 발표를 끝까지 거부한다면 담임교사가 가해학생이 적은 내용을 대신 읽어 줄 수도 있다. 그것마저 거부할 수도 있는데, 그렇다고 해서 강제로 발표시켜서는 안 된다. 강제로 발표를 시키는 것은 가해자의 인권을 침해하는 일이기도 하고 역효과를 가져오기 때문이기도 하다.

⑥ 피해학생에게 발표할 기회를 준다. 피해학생이 발표를 못할 정도로 위축되어 있는 상황이라면 담임교사가 피해자의 양해를 얻어 피해자가 적은 글을 읽어 줘도 된다.

⑦ 앞으로 폭력 사건이 발생하지 않게 하려면 함께 무엇을 해야 하는지 토의하고 학급 규칙으로 정한다.

주의할 점

학급 회의 전에 학급 자치 위원회를 여는 것이 좋다. 여기서 가해자의 반성과 사과, 피해자의 용서와 화해, 앞으로 그런 일이 발생하는 것을 방

지하기 위해 각자가 할 일 등을 논의하면 학급 회의도 성공적으로 이끌 수 있다. 학생들의 발표에 앞서 학급 자치 위원회에서 결정한 내용을 알려 주면 발표에 대한 부담을 덜 수 있고, 모두가 자기 마음을 솔직하게 밝히면 그만큼 학급 회의 효과도 커진다.

피해학생을 지지하는 학급 분위기 만들기

피해학생은 대인관계에서의 자신감이 현저하게 떨어진다. 그래서 누군가와 눈만 마주쳐도 혹시 자기를 이상하게 보는 건 아닌지 불안해하고, 여러 명이 모여서 이야기하는 것만 봐도 자기 얘기를 하는 건 아닌지 안절부절못한다. 웃는 얼굴만 봐도 자기를 비웃는 건 아닌지 걱정한다. 그러므로 피해학생을 지지해 주는 학급 분위기를 만드는 것이 중요하다. 물론 피해학생을 불쌍히 여기는 분위기가 지배적이어서는 안 된다. 그렇게 되면 피해학생은 자기가 동정의 대상이 되었다고 생각해 더 큰 상처를 받게 된다.

피해학생에 대한 다른 학생들의 배려도 필요하지만, 그것만 강조하면 서로 불편한 분위기가 연출될 수 있다. 그러므로 더 바람직한 방향은 피해학생이 가진 긍정적 요소가 학급에서 인정받게 해 주는 것이다. 그림을 잘 그리거나 글을 잘 쓰거나 게임을 잘 하거나 노래를 잘 하거나 운동을 잘 하거나 십자수를 잘 놓는 등의 피해학생이 가진 매력을 발굴해 주고, 그것을 통해 학급 친구들에게 인정받을 수 있는 분위기를 만들어 주는 것이 중요하다.

4부

치유를 위한 글쓰기

글쓰기 효과

피해학생들을 만나서 이야기를 나누다 보면 그 학생들이 그동안 얼마나 답답했을지 느껴진다. 아무도 도와주지 않는 교실에서 느끼는 고립감, 선생님이나 부모님에게 말해도 해결되지 않을 거라는 절망감, 고통을 숨기고 괜찮은 척하면서 살아야 하는 데서 오는 스트레스 들이 전해진다.

한편 피해학생들은 어디에서도 말할 수 없던 사실을 말하고 난 뒤 후련해하고 안정감을 느낀다. 이야기를 시작할 때 피해학생들은 잔뜩 긴장한다. '선생님이 뭘 물어보실까?', '질문에 뭐라고 대답해야 하나?', '선생님이 어디까지 알고 계실까?', '그동안 당했던 것을 다 이야기하면 문제가 정말 해결될까?', '선생님은 내 고통을 이해하실까?', '뭘 말하고 뭘 감춰야 하나?', '다 말하고 나면 보복당하는 건 아닐까?', '내가 선생님과 얘기하는 걸 가해자들이 알고 있는 건 아닐까?'……. 그러다가 이야기가 이어지고 '이 선생님께는 다 말해도 되겠다'는 판단이 서면 그동안 있었던 일을 하나씩 풀어 놓기 시작한다.

피해학생들과 이야기를 나누다 보면 시간 순서가 뒤죽박죽인 경우가 허다하다. 그동안 무슨 일이 있었는지 진실을 찾아가는 과정은 마치 복잡한 퍼즐 조각을 맞추는 것과 같다. 파편화된 기억들을 모아 시간 순서대로 정리하고 인과관계에 따라 정리하다 보면 안개가 걷혀 가는 느낌이 드는데, 이 과정에서 피해학생도 마찬가지로 자기가 겪은 일에 대해 거리 두기를 할 수 있게 된다.

피해학생들이 대화를 통해 심리적 안정을 얻는 것을 보고 글을 쓰게 해 보면 어떨까 하는 생각을 하게 됐다. 그래서 몇몇 학생들에게 그동안 겪은 일을 써 보게 했고, 학생들이 써 온 글을 읽고 나서 더 구체적으로 썼으면 하는 부분을 보완하도록 했다.

글을 쓰는 과정에서 학생들은 고통에 직면하게 되었고, 자기가 겪은 일을 자세히 들여다보면서 괴로움에서 벗어나는 것 같았다. 학생들에게 글쓰기를 지도하면서 다음과 같은 글쓰기 효과를 경험했다.

- 글쓰기를 통해 고통을 회피하지 않고 직면함으로써 고통에서 벗어날 수 있다.
- 대화 상대가 있을 때는 긴장을 하고 무엇을 말하고 무엇을 감출 것인지 고민하지만, 글을 쓸 때는 그런 긴장감을 덜 수 있으므로 더 솔직해진다.
- 거리를 두고 자기 문제를 보게 됨으로써 덤덤해질 수 있다.
- 글쓰기를 통해 털어놓고 나면 후련함, 안정감을 느끼게 된다.

피해학생들이 쓴 글은 학교폭력 예방 교육이나 가해학생 선도 프로그램 자료로도 훌륭하다. 학교폭력을 소재로 만들어진 영화, 연극 들을 몇 편 보았지만, 대개 어른들의 시각에서 학교폭력에 대한 피상적인 이해를 바탕으로 만든 것이라 별 도움이 되지 않는다. 반면에 또래 친구가 쓴 글은 어떤 영화나 연극보다도 더 극적이고 사실적이어서 학생들의 공감을 쉽게 이끌어 낼 수 있다. 글을 읽히고 적절한 물음을 던지면 학생들은 학교폭력에 대해 성찰하고 자기 모습을 돌아보게 된다.

치유를 위한 글쓰기 지도법

쓸 내용 찾기

학생들 대부분이 글쓰기에 익숙하지 않기 때문에, 겪은 일을 써 보라고 하면 어떤 내용을 어떻게 써야 할지 막막해한다. 그래서 교사가 쓸 내용을 함께 찾아 주는 과정이 필요하다.

대화를 통해 찾기

대화를 통해 과거에 어떤 일을 겪었는지, 그 일이 있었을 때 심정은 어땠는지, 교사·부모·주변 학생들 태도는 어떠했는지 등을 묻는다. 학생의 대답을 들으면서 점점 더 구체적으로 파고들어 간다. 예를 들어 학생이 이렇게 말했다고 하자.

"제가 음악실에 누굴 좀 보러 가겠다고 했더니, 계속 옆에서 가지 말라는 둥, 아무도 없다는 둥, 혼난다는 둥, 귀찮게 하는 거예요. 그냥 창문으로 살펴보고 없으면 그냥 올 거라고 했는데도 계속 같은 말을 반복해서 '아, 짱 나!' 하고 가는데 절 밀쳤어요."

그러면 교사는 학생에게 이렇게 물을 수 있다.

- 그 친구가 왜 음악실 가는 걸 방해했을까? 장난이었나? 아니면 다른 이유가 있을까?
- 그 친구와는 평소에 어떻게 지냈니?
- 평소에 아주 못살게 구는 편은 아니었지만 종종 그렇게 귀찮게 했다는 거지? 그러면 그 친구는 네가 귀찮아하는 걸 알았을 것 같은데 알면서도 계속 그런 이유가 뭘까?
- 그 친구가 널 때린 게 이번이 처음이니?
- 그 친구가 너를 좀 만만하게 생각한다거나 얕잡아 본다거나 그런가?

교사는 학생과 대화를 나누면서 중요한 것들을 간단하게 메모한다. 대화가 끝나고 나면 학생이 말한 것을 간단하게 정리해 주면서 맞는지 확인하고, 그 내용을 글로 정리해서 쓰도록 안내한다.

설문지를 통해 찾기

따돌림사회연구모임의 김경욱은 학생상담을 위해 "나는 이렇게 산다(부록 1 참조)[13]"라는 제목의 설문지를 만들었다. 이 설문지는 학생을 상담할 때도 유용하지만, 쓸 내용을 찾는 데도 유용하게 활용할 수 있다.

이 설문지를 꼼꼼하게 작성하려면 30분 정도 걸린다. 학생이 설문 작성을 완료하면 학생이 적은 내용을 바탕으로 궁금한 것들을 묻는다. 예를 들어 어떤 학생이 "사람들은 나에게 부당하게 대하거나 피해를 주는 경우가 많다"는 문항에 "그렇다"라고 답했다면, 어떤 경험이 있었는지 물으면 된다. 정말로 부당하게 대한 것인지, 평범하게 대했을 뿐인데 부당하다고 느낀 것인지는 학생과 대화를 하면서 알아본다.

'인생 곡선'에 대해 이야기 나누는 과정에서도 많은 것을 알 수 있다. 초등학교 6학년 때 아버지와의 관계가 좋지 않았다면 어떤 일이 있었는지, 아버지는 어떤 분인지 등에 대해 더 자세히 묻고, 학급에서의 인간관계 변화 과정이 물결 모양으로 그려져 있다면 관계가 좋다고 표시한 해와 그 반대로 표시한 해의 인간관계가 각각 어땠는지 묻는다. 학생은 교사와 대화를 나누는 과정에서 과거의 기억을 구체적으로 떠올리게 되고 그것은 하나하나가 글감이 된다.

또 학생에게 그동안 겪은 일들을 쓰게 하는 것도 좋다. 현재 해결 과정에 있는 사안뿐만 아니라 과거에 겪은 일도 적게 한다. 피해학생들 중에는 과거에도 피해를 경험한 학생들이 꽤 있는데, 과거의 피해가 현재의 심리 상태에도 악영향을 미칠 가능성이 높다. 그러므로 치유를 위해서는 과거 경험까지 쓰게 하는 것이 좋다.

글쓰기에서 완성까지

다른 학생이 쓴 글 읽히기
쓸 내용을 찾았다고 하더라도 그것을 한 편의 글로 엮는 것을 어려워하는 학생들이 있다. 그럴 때는 다른 학생이 쓴 글을 보여 주면 도움이 된다.

구체적으로 쓰도록 안내하기
학생이 겪은 일을 쓸 때는 아래 내용이 포함되도록 안내한다.

- 나에게 언제 무슨 일이 있었는가?
- 친구(들)는 나에게 무슨 말을 했고, 그래서 나는 어떻게 행동했는가?
- 그 일이 있었을 때 내 감정은 어땠고, 어떻게 대처했는가?
- 친구, 선생님, 부모님 등 다른 사람에게 도움을 요청했는가? 하지 않았다면 그 이유는 무엇인가?
- 선생님은 알고 있었는가? 알고 있었다면 어떻게 대처하셨는가?
- 그 일을 겪고 난 뒤 나는 어떻게 달라졌는가? 그리고 그 일이 있기 전에는 어땠는가?

이 외에 학생이 현재 겪고 있는 어려움에 대해 알고 있는 것이 더 있다면 그에 대해 적도록 안내한다. 예를 들어 학급에 어울리는 친구들이 있지만 적응하기까지 어려움을 겪었고 현재도 불안감에 시달리고 있는 학생이라면 아래 같은 내용을 쓰게 한다.

- 올해 초 학급에 적응하기 위해 어떻게 했는가?
- 적응하기 힘들었다면 어떤 점이 힘들었는가?
- 올해 학급 분위기의 변화 과정과 그에 따른 나의 변화 과정은?
- 나는 친구와 지낼 때 어떤 걱정이 있는가?

학생이 써 온 글 읽고 수정 및 보완하게 하기

학생이 써 온 글을 읽다 보면 좀 더 구체적으로 쓸 필요가 있는 부분이 눈에 띄기도 한다. 또는 인과관계나 선후관계가 분명하게 드러나지 않은 부분이 있을 수도 있다. 그런 부분이 눈에 띈다면 수정, 보완하도록 지도한다.

치유 글쓰기의 예

글에 대한 소개

다음 글을 쓴 최진희 학생은 당시 고등학교 1학년이었고 친구 문제로 고민을 하고 있었다. 함께 어울려 다니는 친구들 중에서 지은이와 유미가 갈등을 겪고 있었고 진희 본인도 중학교 때의 기억 때문에 예인이를 싫어했다. 중학교 다닐 때 따돌림을 당했던 경험 때문에 관계를 맺는 데위축된 모습을 보였고, 또다시 외톨이가 되지 않을까 하는 불안을 갖고 있었다.

진희 학생이 쓴 글

나는 중학교 때 우정으로 행복했던 기억이 거의 없다. 그때 친구들과는 전혀 연락하지 않는다. 그때 기억은 내게 최악으로 남아 있다.
돌이켜 보면 어릴 때 나는 이기적인 아이였다. 나보다 만만한 친구들에게 이것저것 시키면서 부려먹었고, 만만하지 않은 친구들에게는 열심히 비위를 맞추었다. 사실은 나도 내가 다른 친구들에게 그닥 환영받지 못하는 성격이라는 것을 알고 있었다. 나는 왜 그렇게 친구들에게 집착했을까?

나는 어릴 때부터 혼자 떨어져 있는 것을 싫어했던 것 같다. 부모님과 많은 시간을 보내지 못했고 거의 모든 시간을 할머니와 보냈기 때문에, 사랑받는 것에 집착했던 것 같다.

중학교에 들어가면서 1학년 동안은 대체로 편한 마음으로 보냈다. 초등학교에서 만나 중학교를 같이 들어간 착한 친구와 같은 반이 되었기 때문이었다. 그 친구와 같이 다니면서 내 평판도 같이 좋아졌던 것 같다. 그 친구는 나에게도 잘 맞춰 주었고 다른 아이들에게도 친절했다.

2학년에 들어가면서 나는 조금 자만심을 가졌다. 그 친구와는 반이 갈렸지만 1학년 때 잘 지냈었기에 새로운 반 아이들도 나를 좋아할 것이라는 막연한 자신감이 있었다. 하지만 곧 1학년 때 친구들이 내가 좋아서가 아니라 그 친구가 좋아서 나까지 좋아했다는 사실을 알게 됐다. 새로운 반 분위기에 당황스러워하는 동안 다른 아이들은 벌써 자신만의 무리를 형성하고 있었다.

나는 먼저 다가가는 성격도 아니었고 중간에 다른 아이들 사이에 낀다는 것이 불편했지만, 왕따가 되고 싶지는 않아서 어렵게 한 무리에 끼어 들어갔다. 그 안에는 나를 제외하고 총 넷이 있었다. 은지, 수연이, 효영이, 정윤이. 나만 빼면 딱 맞는 수였다. 내가 들어가면서 홀수가 된 것이었다.

무리 안에서 혼자가 될까 봐 두려웠다. 둘씩 짝을 이루고 남는 한 명이 내가 되지 않으려면 어떻게든 친한 친구를 만들어야겠다고 생각했다. 그래서 나를 그 무리에 끼워 준 은지에게 달라붙기 시작했다. 지금 생각해 봐도 그때의 나는 심했다. 은지가 다른 애와 더 친해질까 봐 전전긍긍하면서 딱 달라붙어 있었다. 다른 애들이 나를 나쁘게 보는 것도 무리는 아니었다. 나는 늘 은지의 비위를 맞췄고 화나는 일이 있어도 아무 말 못했다. 그렇게 해야 나중에 들어간 내가 그 안에서 떨어지지 않을 거라고 생각했다. 그렇게 은지와 나는 점점 더 친해졌고 나는 그제야 마음을 놓고 편하게 학교를 다닐 수 있었다.

여름방학이 끝나고 다시 학교에 나올 때쯤에 일이 터졌다. 은지와 나는 친한 만큼 서로 비밀을 많이 공유했는데, 나도 모르게 은지의 비밀을 민정이에게 말해 버린 것이었다. 그 비밀은 아무 데도 새 나가지 말아야 할 비밀이었다. 민정이는 절대 말하지 않겠다고 약속해 놓고 다음 날 바로 수연이에게 말해 버렸다. 결국 은지에게까지 그 얘기가 전해졌다. 민정이를 정말 믿었기 때문에 배신감은 정말 컸다.

나는 사실이냐고 묻는 은지에게 아니라고 무조건 발뺌했다. 하루는 무사히 지나갔지만 다음 날 학교 가기가 무서웠다. 학교에 가면 또 그것에 대해서 물을 것 같았고 그러다간 들킬 것 같았다. 가기 싫었지만 어쩔 수 없이 학교에 갔다. 함께 놀던 친구들이 나를 무시했다. 은지와 수연이는 심문하듯 나를 몰아세웠다. 내가 계속 아니라고 하자 민정이가 증거를 보여 주겠다고 했다. 점점 더 불안해졌다.

그날 방과 후 문자로 수연이에게 학교에 가지 않겠다고 했다. 정말 그때는 자퇴까지 생각할 정도로 마음이 불안했다. 그런데 수연이가 의외로 좋은 말투로 답장을 했다. 어쩐지 말이 통할 것 같아서 그럼 내일 이야기를 하자고 했다. 하지만 그건 내 착각이었다. 은지와 수연이는 또다시 공격하듯이 말을 했다. 언제까지 거짓말할 생각이었냐, 자기들을 속이면서 재밌었냐고 물었다. 전혀 그런 뜻이 아니었다고 얘기를 하면 또 거짓말한다고 할 것 같아서 그냥 대답을 안 했다. 눈물을 겨우 참으면서 고개를

숙이고 있는데 걔네는 내가 억지로 우는 척하려고 한다고 화를 냈다. 이미 나는 거짓말만 일삼고 책임감도 없이 말을 내뱉는 애로 찍혀 있었다. 아이들이 간 후 겨우 참았던 눈물이 터졌다.

그 이후로는 그냥 왕따였다. 효영이나 정윤이도 덩달아 나를 무시했다. 나중에야 알았지만 걔네도 나를 좋아하지 않았다고 했다. 내가 은지랑만 친하게 지내고 나머지 애들을 무시한 것이 잘못이었다.

담임 선생님은 이번에 처음 담임을 맡는 초짜여서 별 도움이 되지 않을 것 같았다. 그래서 말하지 않았다. 부모님께는 모든 걸 다 말했다. 학교를 쉬고 싶다고 하자 아빠는 안 된다고 했다. 지금 쉰다고 해서 일이 해결된다면 학교에 안 가도 되지만, 여기서 피할 수는 없다고 했다. 아빠의 말에 나는 짜증만 났다. 당해 보지도 않았으면서 내 마음을 다 안다는 듯이 말하는 것 같았다. 엄마는 아무 말이 없었지만 많이 마음 아파하셨다.

결국 학교에 가지 않았다. 가는 척하고 가방을 챙겨 나와 그때 살던 빌라 옥상으로 올라갔다. 담임 선생님께 아파서 학교에 못 간다고 전화를 하자 선생님은 엄마를 바꿔 달라고 하셨다. 나는 약을 사러 가셨다고 둘러댔다.

가족들이 다 나갔을 때쯤 다시 집에 들어가서 놀았다. 낮에 엄마가 집으로 전화하셨는데 불안해서 못 받았다. 문자로 수업 중이라고 했더니 엄마가 담임 선생님이랑 통화했다고 답장을 했다. 엄마에게 왜 담임 선생님께 거짓말을 안 해 줬냐고 화를 냈다.

학교가 끝날 시간에 담임 선생님에게 전화가 왔다. 병원에 다녀왔으면 잠깐 학교에 오라는 내용이었다. 담임 선생님도 이미 상황을 알고 있었기 때문에 어쩔 수 없이 다시 교복을 입고 학교에 갔다. 은지와 친구들도 모두 불려 왔고 담임 선생님은 다시 그 얘기를 꺼내셨다. 결론은 그냥 다들 친하게 지내라는 거였지만 걔네는 싫다고 했다. 결국 달라진 건 하나도 없었다. 어차피 똑같은데 거기 있을 필요가 없어서 그냥 집으로 돌아갔다.

다음 날은 너무 피곤해서 못 일어나는 척했다. 왜 학교에 안 가냐고 아빠한테 맞았다. 2학년 때 아빠의 기억은 내게 최악이다.

엄마랑 같이 학교에 갔다. 엄마랑 담임 선생님이 얘기하는 동안 나는 담임 선생님이 오늘은 그냥 집에 가라고 하시길 바랐다. 엄마는 인사를 하고 갔고 나는 교실에 올라가기 싫다고 했다. 하지만 선생님 손에 이끌려 교실로 돌아갔다. 처음으로 밥도 혼자 먹었고 화장실이나 이동 수업도 혼자 다녔다. 은지는 물론이고 그동안 같이 놀았던 친구들도 다들 나를 무시했다.

다음 날에도 늦게까지 자는 척을 하다가 또 혼났다. 결국 거짓말을 했다. 학교 근처에서 나를 괴롭히는 언니들이 있다고 했다. 엄마는 걱정스러운 얼굴로 그 언니들이 누군지, 언제부터 어떻게 괴롭혔는지 꼬치꼬치 캐물었다. 일이 커질 것 같아서 그냥 요즘은 안 보인다고 하고 학교에 갔다. 혼자 밥 먹기가 너무 싫어서 그냥 밥을 안 먹었다. 도서실에 내려가서 내내 책을 읽다가 종이 치면 올라왔다. 계속 그러다 담임 선생님에게 들켰다. 같이 교실 맨 앞 교탁에서 밥을 먹자고 했는데 내가 싫다고 했다. 그래서 그냥 혼자 밥을 먹었다. 그래도 그렇게 먹다 보니 점점 익숙해졌다.

그러다 반에서 말 그대로 '찐따'라고 불리는 애들이 나한테 밥을 같이 먹자고 했다. 싫었지만 혼자 먹기가 그것보다 더 싫어서 그러자고 했다. 걔네는 반 애들이 그냥 무시하는 애들이었다. 반 애들은 걔들을 괴롭히지는 않았지만 그렇다고 관심을 주지도 않았다. 민정이가 나한테 미안했는지 자기 친구들이랑 같이 밥을 먹자고 했는데 싫다고 했다. 걔네나 나나 불편할 게 뻔한데 굳이 낄 필요가 없었다.

왕따를 당한 이후로는 MP3를 끼고 살았다. 그날도 MP3를 듣고 있는데, 갑자기 누군가 손으로 내 책상을 탁 하고 쳤다. 그러더니 휙 돌아서서 갔다. 효영이였다. 짧은 순간에 일어난 일이라서 어리둥절한 상태로 주위를 둘러보았다. 알고 보니 교실 앞에 내 다른 반 친구가 와 있었다. 그 친구가 나를 좀 불러 달라고 했던 건데 효영이가 저렇게 해서 그 친구도 당황했다고 했다. 그냥 비참했다. 내가 전염병 환자라도 된 것 같았다.

학교에선 조별 활동을 하는 게 제일 싫었다. 그나마 조가 짜여서 나오면 몰라도 각자 짜라고 하면 정말 난감했다. 같이 밥을 먹는 찐따 애들은 다른 애들이 데려가도 나는 맨 마지막까지 남았다. 그럴 때면 반 애들이 다 나를 비웃는 것 같았다. 반에서 착한 애가 그냥 나를 데려가 줘도 눈치가 보였다. 그냥 나는 어쩌다가 낀 애지 친구가 아니었기 때문이다. 그 애들도 그렇게 생각했을 것이다.

2학년이 거의 끝나 갈 때 소풍이 있었다. 밥을 같이 먹는 찐따 애들이랑 같이 갔다. 뮤지컬을 보러 갔는데 서 있던 순서대로 안으로 들어가서 앉게 됐다.

우리 앞에 은지와 친구들이 있었다. 걔들은 안쪽에 앉게 되자 싫은 눈치를 보이면서 우리한테 안으로 들어가라고 했다. 나는 그냥 가만히 있었고 다른 애가 싫다고 했다. 걔들은 대놓고 욕을 하면서 안으로 들어가 앉았다. 이번에는 정말 어이가 없었다. 내 잘못이 아니었는데 왜 내가 욕을 먹어야 하는지 몰랐다. 자기들은 좋은 자리에 앉아서 봐야 하고 우리는 아무 데나 앉아서 보든 말든 상관없다는 태도였다. 그래서 용기를 냈다. 그중에 내 옆에 앉은 정윤이에게 말을 걸었다. 이건 아닌 것 같다고 좋게 얘기하려고 했는데 걔가 대뜸 화를 냈다. 왜 나한테 지랄이냐고 욕을 했다. 결국 아무 말 못하고 가만히 앉아 있는데 눈물이 났다. 엄마가 내가 이렇게 무시당하고 사는 걸 알면 얼마나 마음 아파할지 걱정도 되고 몰라서 다행이라는 생각도 들었다. 엄마가 정말 보고 싶었다.

그날은 내내 기분이 안 좋아서 일정이 끝나자마자 엄마가 일하는 곳으로 갔다. 이번에도 다 얘기할까 했지만 그냥 아무 일 없는 척했다.

모든 게 다 기억나지는 않지만 아직도 나를 무시했던 애들의 이름과 얼굴이 기억난다. 그렇지만 여전히 내가 왜 그렇게 무시를 당해야 했는지는 모르겠다. 2학년 생활은 지옥 같았다.

그 이후 모든 게 바뀌었다. 성격부터 바뀌었다. 내성적이기는 했지만 할 말은 하고 직설적이던 내가 말이 없고 눈치 보는 성격이 되었다. 관심받는 것을 좋아했는데, 이젠 누가 나를 쳐다보기만 해도 나를 욕하거나 무시하는 것 같았다. 친척들에게도 예전처럼 대할 수가 없었다. 내가 왕따인 것을 알까 봐 최대한 잘 지내는 척했다. 겨울방학 동안 집에 틀어박혀서 내내 걱정만 했다. 3학년 때도 이러면 어쩌나 하는 생각만 했다.

새 학년이 시작되어 새 교실에 조심스럽게 들어가면서 2학년 때 애들이 없어서 다행이라고 생각했다. 3학년 때는 내가 먼저 다가갔다. 또 어떤 무리 중간에 끼게 됐는데 처음에 친해진 애 연지도 그 안에 있었다. 근데 그 안에서 알게 모르게 연지를 싫어하는 분위기였다. 연지도 그걸 알았지만 거기서 떨어지지 않으려고 했다. 연지가 불쌍하기도 했지만 내가 개 편을 들면 나도 떨어질 것 같아서 그러지 못했다.

연지를 제외하고 나랑 제일 친했던 애는 유진이었는데, 유진이는 애가 좀 이상했다. 정말 말도 안 되는 거짓말을 해서 자기를 높이기를 좋아했다. 질투도 심해서 같이 놀러 갈 때 다른 애들이 자기보다 예뻐지는 꼴을 못 봤다. 언젠가 한번은 내가 렌즈를 끼고 가자 자기도 사겠다고 난리를 치는 바람에 놀러 가서 안경집만 돌아다니기도 했다. 마음에 드는 친구는 아니었지만 그렇다고 딱히 다른 친구도 없었기 때문에 그냥 같이 다녔다. 학교생활은 유진이에게 잘 맞춰 주기만 하면 그렇게 나쁘지는 않았다.

그때도 부모님은 계속 나를 걱정했다. 학교에서 잘 지내냐는 식으로 말을 꺼내거나 왕따가 아니냐고 장난도 치셨다. 성격은 여전히 내성적이고 내 할 말을 못하고 살았지만, 그래도 그때는 나름대로 잘 지냈다.

그러면서 나는 연지와 유진이에 대해서 생각해 보게 되었다. 반 애들은 유진이의 겉모습만 보고 유진이를 좋게 생각하고 있었다. 유진이는 만만한 나나 연지에게만 함부로 했기 때문에 다른 애들은 유진이의 진짜 성격을 모를 만도 했다. 같이 다니던 친구들에게도 유진이는 살갑게 잘 대했고 무리 안에서 대장이라고 해도 손색이 없었다.

하지만 연지는 아니었다. 딱히 반에서 좋은 평판을 듣는 것도 아닌 그저 그런 애였다. 그래서 유진이가 더 연지를 막 대했던 것 같다. 왜 유진이가 연지를 싫어하는지는 알 수 없었지만 유진이는 연지의 친구들을 빼앗았다. 여전히 함께 어울리고는 있었지만 연지의 친구들은 연지보다는 유진이와 더 친밀하게 지내게 됐다. 그건 유진이의 잘못이라고 생각한다. 나는 솔직히 연지의 편을 들어 주고 싶었다. 속으로만 한 생각이긴 하지만 말이다.

3학년이 마무리될 때 영어 마을에 갔다. 무슨 일이었는지는 기억이 잘 안 나지만 나와 유진이가 말다툼을 했다. 사실 유진이는 전부터 나에 대해 기분 나쁜 게 있었지만 참았다고 했다. 그러다가 갑자기 사소한 일로 불똥이 튄 것이었다. 그때는 갑자기 용기가 났다. 그래서 유진이에게 내 할 말을 했다. 늘 자기한테 맞춰 주던 내가 그렇게 나오니까 유진이도 당황했는지, 자기가 먼저 사과를 했다.

3학년은 그렇게 끝났다. 2학년에 비해서 3학년은 정말 행복한 편이었지만, 나는 중학교를 졸업하면서 탈옥한 기분이었다. 졸업식을 하고 나서도 친구들과 사진을 찍기는커녕 인사도 안 하고 그냥 갔다.

그렇게 중학교를 졸업하고 나는 고등학교 때는 이렇게 살아선 안 되겠다고 생각했다. 중학교 때 모습을 싹 갈아 치우고 고등학교에 들어갔다. 좋은 친구들이 정말 많이 생겼다. 반 애들이 다 좋은 애들 같았다. 하지만 그건 학기 초에 잠시였을 뿐이었다.

남자애들과 트러블이 정말 많았다. 아무렇지도 않게 막말을 하고 자기 멋대로인 성격이 정말 사람을 짜증나게 했다. 여자애들에게 정말 큰 상처가 되는 걸레라는 말을 아무렇지 않게 하는 것도 그렇고, 쎈 척은 또 어찌나 심하던지……. 자기가 어제 술을 마셨는데 어쨌고, 담배를 폈는데, 내가 어디서 잘나가는데, 남자애들은 이런 얘기를 하기 좋아했다. 진심으로 기분이 나빠서 화를 내면 싸가지 없다고 욕을 했다. 여자애들이 그런 남자애들을 멋지게 보기는커녕 한심하게 보는 걸 걔네는 알까? 나중에는 거의 체념에 가까워져서 그러건 말건 그냥 놔뒀다.

남자애들과는 어떻게 지내든 상관없었지만 문제는 우리 안의 갈등이었다. 처음엔 나와 유미의 갈등이 컸다. 성격이 안 맞는 걸로 시작된 작은 오해가 점점 눈덩이처럼 불어난 것이었다. 하지만 크게 한번 싸우고 나니 더 친해질 수 있었다. 남자애들 때문에 싸우고 남자애들 때문에 화해도 할 수 있었다.

솔직히 정말 마음으로 엮이고 서로 섭섭한 부분이 하나도 없는 것은 나와 정민이, 소희, 유미, 이렇게 넷밖에 없는 것 같다. 예인이는 나와 친해질 수 없다. 내가 예인이를 싫어하게 된 건 중학교 때의 일도 있지만, 엄밀히 말하면 그 이후의 예인이 태도 때문이다.

나와 예인이는 같은 중학교를 나왔다. 2학년 때도 같은 반이었다. 1학년 때는 친했던 예인이가 2학년이 되어 내가 왕따가 된 것을 보고는 나를 무시했다. 그리고 예인이는 유미와 내가 사이가 안 좋을 때, 내 중학교 때 얘기를 유미에게 했다고 한다. 자기 잘못을 인정하고 사과를 했다면 좋았겠지만 그렇게 되지 않아서 예인이와의 사이는 돌이킬 수 없다. 하지만 그렇다고 예인이를 왕따 시킬 수도 없다. 나도 그것 때문에 상처를 받았고, 그것을 예인이에게 돌려주고 싶은 마음이 전혀 없다. 예인이랑 나는 그냥 그렇게 지내면 된다.

진짜 문제는 지은이랑 유미다. 난 지은이랑 유미가 화해했으면 좋겠다. 지은이도 좋고 유미도 좋은데 한 사람만 선택하라면 정말 힘들다. 하지만 지은이에 대한 유미의 감정은 대화로는 풀기 어려운 문제라는 걸 나도 안다. 유미는 지은이가 무얼 하든지 다 싫다고 한다. 심지어 자기와 전혀 상관없는 행동을 할 때도 싫다고 하는데, 이건 대화를 한다고 풀릴 문제가 아니다. 그리고 싫어하는 마음은 내가 예인이를 싫어하는 것과 비슷하기 때문에 강요할 수가 없다.

나는 친한 친구들을 제외한 나머지 우리 반 아이들에게는 그저 같은 반 친구, 이렇게만 기억되고 싶다. 서로의 일에 너무 간섭하지도 않고 그렇다고 뒷담화를 까지도 않는, 어쩌면 냉정하다고도 볼 수 있는 관계가 반 친구로서는 가장 좋은 것 같다.

중학교 때의 경험은 고통스럽긴 했지만 나에게 좋은 밑거름이 되었을 수도 있다. 친구들이 어떤 것을 싫어하고 좋아하는지나 말의 중요성, 왕따의 마음 같은 것을 배웠으니 말이다. 말을 함부로 하거나 입이 가벼운 애는 기본적으로 친구 대상에서 제외된다. 친구끼리 뒷담화를 하는 것도 안 되고, 심하게 나서거나 한 무리에서 한 명하고만 친하게 지내서도 안 된다. 믿음직하고 마음을 잘 헤아려 주는 친구나 성격이 잘 맞고 자기 얘기를 잘 들어 주는 친구를 좋아한다는 것도 알았다.

그때의 기억을 다시는 잊지 않을 것이다. 하지만 또 그런 식으로 친구의 중요성을 깨닫고 싶지는 않다. 그때의 경험만으로도 충분하다고 생각한다.

2년간의 중학교 생활에서도 많은 것을 배웠지만 지금의 친구 관계에서도 나는 많은 것을 배우고 있다. 하지만 여전히 친구를 사귈 때의 두려움은 남아 있다. 이 글을 쓰면서 나보다 더한 경험을 한 사람도 많을 텐데, 나만 괜히 이렇게 유난을 떠는 건 아닌가 하는 생각도 든다. 하지만 나도 내 나름대로 많이 아팠다. 이 글을 쓰려고 다시 생각할 때마다 화가 나고 우울했다.

10대에 가장 중요한 것이 친구라는 게 맞는 것 같다. 친구에게 받은 상처는 결국 친구에게 치료받는다. 혼자 있는 게 좋은 척하지만 내밀어진 손에 크게 감동받는다. 반에서 무시당하는 왕따도 집에 가면 누군가의 소중한 딸이나 좋은 언니라는 사실을 잊지 말아야 한다고 생각한다. 왕따가 없어지는 세상이 올 것 같지는 않지만, 그런 세상이 온다면 학생들 모두가 정말 행복하게 학교를 다닐 수 있을 것 같다.

진희 학생의 글을 바탕으로 만든 교육 자료

1. 민정이도 비밀을 지키겠다는 약속을 어기고 수연이에게 말했는데, 왜 민정이는 따돌림 당하지 않았을까요?

2. 2학년 때 담임 선생님과 부모님의 대처 방식에 대해 생각해 봅시다.
   1) 담임 선생님은 문제가 생긴 것을 알았을 때 어떤 마음이었을까요?
   2) 담임 선생님이 어떻게 했으면 더 좋았을까요?

3) 부모님은 문제가 생긴 것을 알았을 때 어떤 마음이었을까요?

4) 부모님이 어떻게 했으면 더 좋았을까요?

3. 유미는 지은이가 잘못을 한 건 아니지만 싫다고 했습니다. 여러분도 여러분에게 잘못하지 않았지만 싫은 친구가 있(었)나요? 있(었)다면 그 이유는 무엇인가요? 그 친구와 친해지지는 않더라도 평화롭게 잘 지내는 방법은 없을까요?

4. 과거에서 현재까지 자신이 친구 관계에서 겪었던 일을 적어 봅시다. 구체적으로 어떤 일들이 있었는지, 그 일이 생겼을 때 친구들의 태도, 나의 대처 방식, 선생님의 대처 방식, 부모님의 대처 방식은 어땠는지, 그 일 이후 나에게 변화가 있었다면 어떤 변화였는지 등등을 적어 주세요. 선생님만 조용히 살펴볼 것이니 솔직하게 적고, 다 적고 나면 개별적으로 선생님에게 제출해 주세요.

5부

학교폭력 해결을 위한
교사의 학생상담

교사 역할 훈련과 비폭력 대화

최근 교사들이 대인관계 기술 연수를 많이 받는 까닭

최근 교사 역할 훈련Teacher Effectiveness Training, T.E.T과 비폭력 대화 연수를 받는 교사들이 많다. 학생 생활지도에 어려움을 겪는 교사들이 자신의 대화 방법에 문제가 있는 것은 아닌지 돌아보며 새로운 돌파구를 찾는 것이다.

대체로 1990년대 중반 이전까지는 학생들이 잘 따르는 편이었으므로 지도하는 데 어려움이 적었다. 하지만 그 이후부터 교사들은 당황스러운 장면을 자주 마주하게 되었다. 수업 시간에 수차례 지적을 하는데도 자유롭게 돌아다니는 아이, 선생님에게 들리도록 욕을 해 놓고도 지적하면 실실 웃으면서 안 했다고 끝까지 발뺌하는 아이, 괴롭힘을 놀이처럼 즐기면서 장난이라고 우기는 아이……. 기존의 지도 방식이 먹혀들지 않는 데다가 과거처럼 강압적인 방식으로도 지도할 수 없게 된 교사들은 상처를 받았고, 교직에 회의를 느끼기도 했다. 학생을 존중하면서도 지도할 수 있는 방법이 없을까 모색하던 교사들은 인간관계 기술 연수를 받기 시작했다. 대표적인 것이 교사 역할 훈련과 비폭력 대화이다.

교사 역할 훈련

교사 역할 훈련은 이해하기 어려운 아이들의 행동을 이해하는 출발점을 '잘 듣기'에 둔다. 이를 '반영적 경청'이라고 하는데, 아이가 말하는 것을 잘 듣고 그 속에 감춰진 의도를 스스로 말하게 하는 것이다. 예를 들어 어떤 학생이 이렇게 말했다고 하자.

"선생님, 교실이 너무 추워요."

그 말에 교사가 다음처럼 대답한다면 학생의 반응은 어떨까?

"춥기는 뭐가 추워. 공부하기 싫으니까 별 핑계를 다 대는구나."

이 말을 들은 학생은 마음이 상하고 결국 공부에 집중하지 못하게 되었을 것이다. 이는 부적절한 대답이다. '반영적 경청'으로 말한다면 이렇다.

"교실이 추워서 집중하기가 힘들겠구나."

교사 역할 훈련에서는 많은 경우 반영적 경청만으로도 문제가 해결될 수 있다고 말한다. 이야기를 들어 주는 과정에서 스스로 무엇이 문제인지 느끼고 해결 방안도 스스로 찾을 수 있다는 것이다.

잘 듣고 나면 잘 표현하는 문제가 남는다. 교사 역할 훈련은 상대방의 감정에 상처를 주지 않으면서 잘 표현하는 방법을 간단하게 제시한다. 그리고 그것이 익숙해질 때까지 반복해서 훈련하도록 독려한다. 그것이 이른바 '나-전달법I-message'이다. '나-전달법'은 세 가지 구성요소로 되어 있다. 첫째, 상대방 행동에 대해 말하되 비난하지 말고 있는 그대로의 사실을 말해야 한다. 둘째, 그 행동이 나에게 미치는 영향에 대해 말해야 하고, 셋째, 그 행동으로 인해 생긴 부정적 감정을 말해야 한다. 예를 들면 껌 씹는 버릇을 고치지 못하는 학생에게는 이렇게 말하면 된다.

"네가 또 껌을 씹으면(행동), 선생님의 말을 듣지 않는다는 생각이 들어서(영향), 화가 나(감정)."

비폭력 대화

비폭력 대화의 말하기는 관찰, 느낌, 욕구, 부탁으로 요약된다. '관찰'은 행동에 대해 평가하지 말고 있는 그대로 살펴라는 것이다. '느낌'은 풍성한 느낌 목록을 준비해 자신의 감정과 기분을 상세하고 친절하게 말하라는 것이다. 그런데 느낌도 평가로 이어지는 경우가 많으므로 상대에게 자신의 욕구가 무엇인지 말해 줄 필요가 있다고 한다.

'욕구'는 자신이 무엇을 원하고 있는지 민감해짐으로써 느낌으로부터 욕구를 찾아 연결해야 한다는 것이다. 우리는 대부분 타인에 대한 분석이나 비판으로 이 과정을 처리하는 경우가 많다고 한다. '부탁'은 다른 사람이 나에게 해 주기 원하는 바를 구체적이며 긍정적으로 요구하라는 것이다.

예를 들어 수업 시간에 휴대전화를 사용한 학생이 있다고 하자. 그 학생에게 교사는 수업에 집중하도록 요구해야 하는데, 그것을 비폭력 대화식으로 표현하면 이렇게 될 것이다.

"네가 휴대전화를 또 보고 있으니(관찰) 힘이 빠진다(느낌). 왜냐하면 선생님은 학생들이 이 내용을 꼭 알았으면 좋겠거든(욕구). 휴대전화를 꺼 두고 수업에 참여해 주지 않겠니(부탁)?"

교사 역할 훈련과 비폭력 대화에 더하여

교사 역할 훈련과 비폭력 대화는 상대방과 대화를 나눌 때 상대방이 실제로 하고자 하는 이야기가 무엇인지 파악하고 자신의 진짜 욕구가 무엇인지 바라보도록 한다. 그 과정을 통해 오해가 줄어들고 상대방 감정을 다치게 하지 않는 진실한 대화가 가능해진다.

그런데 어떤 선생님은 '반영적 경청'과 '나-전달법'을 통해 학생과의 대화를 시도했지만 학생이 번번이 자기를 무시해 결국 화를 내게 된 적이 있다고 고백한다. 그 후 그 선생님은 '반영적 경청'과 '나-전달법'이 더 익숙해지도록 훈련해야겠다고 생각했다. 하지만 이런 결과가 나타난 것이 훈련 부족 때문일까? 훈련 부족 때문이라고 말하는 것은 결국 문제의 원인을 교사의 말하기 방식에서만 찾는 것이다. 관점을 달리해서 보면 실패한 이유를 이렇게도 볼 수 있다.

첫째, 학생의 행동이 교류분석에서 말하는 '게임'이라면 학생은 자기의 인생각본이 완성될 때까지 그러한 행동을 멈추지 않는다. 이를테면 학생이 '나를 차 주세요' 게임을 하는 것일 수 있는데, 이 경우라면 교사가 더 이상 참지 못하고 자기에게 화를 낼 때까지 그 게임을 멈추지 않을 것이다. 그리고 교사가 화를 내면 '그래, 결국 이렇게 될 줄 알았어'라고 생각하면서 자신의 인생각본을 강화할 것이다.

둘째, 학생이 관중(주변 학생)을 의식하고 있기 때문이라고 볼 수 있다. 학생이 문제를 일으킨 이유가 교사를 우습게 만들어 자신의 힘을 과시하려는 것일 수도 있는데, 이런 경우라면 학생은 교사가 자기를 존중해 주는 것을 이용해 교사를 우스운 처지로 내몬다. 예를 들면 교사의 말에 수긍해 놓고 잠시 후에 다시 수업을 방해하는 것과 같은 행동이 그렇다.

그러므로 교사 역할 훈련이나 비폭력 대화는 교사 자신의 말하기 방식을 성찰하는 데 도움이 되고 개별 학생과 대화를 나누거나 상담하는 데는 유용하게 쓰일 수 있지만, 학교폭력 해결을 위해서 상담할 때는 일정한 한계가 있다. 교사는 학생이 심리 게임을 하고 있는 것은 아닌지 파악해야 하며, 그런 경우라면 게임에 휘말려 들지 말아야 한다. 또한 학생의 부정적인 말이나 행동이 주변 학생을 의식하기 때문에 더 심하게 나타나고 있는 것은 아닌지 살펴야 한다. 다시 말하면 교사가 자신의 말하기 방식이나 태도에 대해서 성찰하는 것도 중요하지만, 그보다 더 중요한 것은 학생의 말이나 행동 뒤에 어떤 이유가 숨어 있는지 파악하는 것이고 또래 관계가 학생에게 미치는 영향을 파악하는 것이다.

학교 상담, 무엇을 해야 할까

상담 방법은 상황에 따라 다르다

상담의 역할은 학생들이 상처를 드러내고 자기 스스로 치유하는 힘을 갖도록 도와주는 것이다. 그런데 기존의 상담 이론, 상담 방법 들이 별 효과가 없는 경우가 많다. 그러므로 최근에 학생들에게서 나타나는 심리적 특성과 그 원인이 무엇인지 파악해야 하며, 학교 상황에 맞게 새로운 것을 창조해야 한다.

교육과학기술부와 교육청에서 학교폭력 대책, 인권친화적 생활지도 방안 들을 발표할 때 빠지지 않고 등장하는 것이 상담망을 확충하겠다는 것이다. 그런데 전문 상담 교사를 늘리겠다는 계획이야 환영할 만하지만, 상담 역량은 어떻게 강화하겠다는 것인지 드러나지 않아서 답답하기 그지없다. 아마도 교과부나 교육청 역시 상담이 어떤 역할을 해야 하는지, 그런 역할을 하기 위해 어떤 시스템을 만들어야 하는지 모르는 게 아닐까 싶다.

상담부의 5가지 역할

상담부는 보통 다음의 다섯 가지 역할을 해야 한다.

상담 대상의 적극적 발굴

대개 상담은 내담자가 상담을 요청함으로써 이루어진다. 그러나 이렇게 하는 경우 정작 상담이 필요한 학생을 상담하지 못할 가능성이 크다.

학교폭력 피해학생은 자신의 고통을 철저히 감춘다. 그것이 드러날 경우 더 심한 따돌림을 당할 것이라고 걱정하기 때문이다. 그러나 고통을 감춤으로써 더 심한 고통을 겪는다. 억지로 눌러 둔 감정은 폭발한다. 학교폭력 피해학생이 미술 시간에 조각도로 가해학생을 찌른다거나 어느 날 갑자기 자살하는 것은 어디에도 자기 고통을 말하지 못하기 때문이다. 그러므로 상담부는 상담 대상자를 적극 발굴해야 한다. 또한 학생이나 학부모가 이유 없이 거부할 수 없도록 다음처럼 학교 상담을 제도화해야 한다.

- 지각, 결석이 잦은 학생을 상담한다.
- 전입생은 전입한 직후, 전입 한 달 후, 전입 한 학기 후에 상담한다.
- 수련회나 수학여행에 참여하지 않는 학생을 상담한다.
- 흡연 학생을 상담한다.
- 학교폭력의 피해학생과 가해학생을 상담한다.

가장 중요한 부적응, 학교폭력에 대한 상담

진로상담이 학교 상담의 가장 중요한 역할이 되어야 한다고 말하는 사람도 있다. 그러나 우리 현실에서 가장 시급하고 중요한 학교 상담의 역할은 부적응과 학생 간 갈등, 학교폭력에 대한 상담이다. 이 세 가지 문제는 서로 분리되어 있기도 하지만 복잡하게 얽혀 있는 경우도 많다. 학교를 다니기 싫다면서 자퇴한 학생이 사실은 학교폭력의 피해자였고, 자퇴 뒤에도 가해학생들에게 괴롭힘을 당한 것이 뒤늦게 드러난 일도 있었다. 부적응 문제는 친구와의 갈등 때문이 아니라고 하더라도 좋은 친구들과 어울리면서 풀어질 수도 있다.

성찰 교실 운영

서울, 경기 등 몇몇 지역 학교에서는 성찰 교실을 운영하고 있다. 성찰 교실을 운영하는 이유는 수업이나 생활지도를 하면서 교사와 학생, 학생과 학생의 갈등이 고조될 때 갈등 상황을 중단시키고, 갈등을 일으킨 당사자의 자기 성찰을 유도하기 위한 것이다. 성찰 교실 운영이 의도대로만 된다면, 교사도 권위를 잃지 않고 학생도 감정을 다치지 않으면서 시간을 두고 문제를 풀 수 있다.

그러나 성찰 교실을 누가 책임지고 어떻게 운영할 것인지 명확하지 않은 학교가 대부분이어서 형식적으로 운영하거나 심지어는 간판만 달려 있는 경우가 허다하다. 성찰 교실 운영은 상담부가 담당하고 실질적 책임자는 교감이 되어야 한다. 성찰 교실 운영을 책임질 인력을 확보할 수 있다면 가장 좋고, 그것이 어렵다면 전문 상담 교사, 교감, 전문 상담 자격증을 가진 교사가 돌아가며 운영하도록 할 수 있다. 이때 전문 상담 자격증을 가진 교사는 성찰 교실을 운영하는 시간을 수업 시수로 인정받아야 할 것이다.

성찰 교실은 사안별, 단계별로 다양한 프로그램을 보유해야 한다. 성찰 교실에서 잠시 마음을 안정시킨 뒤 돌아가도 되는 경우와 상담 프로그램을 진행해야 하는 경우를 나누어야 하고, 필요하다면 해당 학생의 부모와도 상담할 수 있어야 한다. 성찰 교실의 운영이 효과적이려면, 어떤 상황에서 학생을 성찰 교실에 보낼 것인지 교사들에게 알려 줄 필요가 있다.[14]

심리 검사

학교는 진로 상담과 관련한 심리 검사나 인성 검사 들을 정기적으로 실시하고, 결과에 따라 사후 상담 프로그램을 진행할 수 있어야 한다. 대개의 학교에서 검사 결과를 알려 주는 것으로 끝내는 경우가 많다. 이는 사후 상담 프로그램이 없기 때문일 수도 있고 사후 상담을 진행할 여력이 없기 때문일 수도 있다. 둘 다일 수도 있겠다. 사후 상담 프로그램은 풍부하게 준비해야 하고, 상담부 강화를 통해 사후 상담이 가능한 구조를 만들어야 한다.

친교 동아리 운영

갈등이나 학교폭력, 부적응을 줄이기 위해 상담부가 직접 노력하는 것도 중요하지만, 학생 스스로 그런 역할을 하게 하는 것도 중요하다. 친교 동아리를 만들고 가능하다면 각 학급에서 한두 명이 골고루 들어올 수 있도록 유도한다. 하지만 강제로 학급마다 1인씩을 배치하는 것은 역효과를 낳을 수 있다. 상담부는 친교 동아리 구성원(친교 위원)들의 활동을 지도하고 활동 결과를 모아 상담부 운영에 반영해야 한다.

친교 위원의 역할은 첫째, 담임교사와 함께 교실 평화를 위해 노력하는 것이다. 이는 누가 어떤 일을 저질렀다고 교사에게 고자질하는 것과는 다르다. 아이들 사이에 어떤 갈등이 있는데 그 문제를 해결하기 위한 프로그램이 필요하다고 요구하는 것이어야 한다. 친교 위원의 활동이 고자질이 되지 않으려면 친교 위원은 학급 친구들에게 학급 문제에 대해 직접 이야기할 수 있어야 한다. 그러기 위해서 상담부는 친교 위원의 역량을 키워 주어야 하고, 담임교사는 학급 안에서 생기는 갈등 문제를 자기가 심판이 되어 해결할 것이 아니라 학급 구성원 전체가 함께 해결하는 분위기로 만들어야 한다.

둘째, 친교 위원들은 우정을 가꾸기 위해 게시판에 글을 게시하거나 학급 단합 대회 등의 프로그램을 기획한다. 또한 '친구 사랑의 날' 같은 프로그램을 기획하고 운영하는 데 주도적 역할을 담당한다. 우정 신문을 만들어 각 학급에 배포하는 역할을 하는 것도 좋다. 그렇게 할 수 있다면 따돌림과 폭력을 우정과 화목의 가치로 바꾸는 데 큰 기여를 하게 될 것이다.

셋째, 학급 안에서 갈등이 발생하면 친교 위원은 문제 해결을 위한 학급 자치 위원회(진실과 화해 위원회) 소집을 요구할 수 있다.[15] 친교 위원은 학급 자치 위원회 위원이 된다. 담임교사는 학급 자치 위원회를 소집할 권한이 있다. 친교 위원이나 담임교사는 필요하다면 학급 자치 위원회에 상담 교사가 함께해 줄 것을 요청할 수 있다.

친교 동아리가 활발하게 활동하는 것만으로도 학교 분위기가 확 달라질 수 있다. 학생들에게 '우리 학교는 따돌림, 폭력을 없애기 위해 노력하는구나', '우리 학교는 학교에 적응하기 어려워하는 학생을 돕는구나', '우리 학교는 공부와 경쟁만 강요하지 않는구나'라는 느낌을 준다면, 그것만으로도 많은 문제가 예방될 수 있을 것이고 감춰진 문제들이 드러날 것이다.

교사의 학생상담 방법

상담 교사는 학생의 심리 상태를 진단하고 적절한 상담 기법을 활용해 학생의 치유를 돕는다. 그러나 교사의 학생상담은 이와 같을 수 없다. 교사는 일상적으로 교과 지도, 생활지도를 해야 하며 전문적 상담 역량을 갖춘 것도 아니다. 그렇다면 교사의 학생상담은 어떠해야 할까?

사람들은 눈앞에 벌어진 어떤 현상에 대해 이해하고 싶어 한다. 평범하지 않은 행동이나 범죄를 보았을 때도 마찬가지다. 종종 발생하는 잔인한 묻지마 범죄에 대해서 사이코패스라는 진단이 따르듯이, 수업 시간에 돌아다니거나 끊임없이 주변 학생들에게 시비를 걸거나 아무 때나 불쑥 끼어드는 학생에게는 주의력결핍과잉행동장애ADHD라는 진단이 따른다. 그리고 어느 순간 폭발해 진정이 되지 않는 학생에게는 분노조절장애라는 진단이 따른다.

일단 주의력결핍과잉행동장애나 분노조절장애라고 진단되면 교사는 더 이상 자기가 할 수 있는 일이 없다고 생각하게 된다. 이를 전문가의 영역이라 보기 때문이다. 그러나 그러한 진단이 섣부른 것일 수도 있고, 적절한 진단이라 하더라도 교사가 할 수 있고 해야 하는 일이 따로 있다. 몇 년 전 정신과 의사를 초청해 교사들과 함께 강의를 들은 적이 있는데, 그는 주의력결핍과잉행동장애라는 진단을 지나치게 남발하고 있다고 했다. 주의력결핍과잉행동장애 치료약을 제조하는 회사와 정신과 의사들의 이해관계가 지나치게 산만한 학생들을 이해하고자 하는 사람들의 관심과 만나면서 그렇게 되었다는 것이다.

분노조절장애 역시 비슷하다. 어떤 학생을 분노조절장애라고 진단하는 것은 학생이 가진 문제를 너무 단순화해 버릴 위험도 존재하고, 문제의 해결을 전문가에게만 맡겨 버리는 것일 수도 있다. 분노는 학교폭력 피해의 상처나 친구 관계에서 입은 상처로 나타나는 것일 때가 많은데, 이럴 경우 분노 그 자체보다는 그 아래에 깔려 있는 우울과 불안이 문제일 수도 있다. 이러한 우울과 불안은 인정욕망의 좌절과 관련이 있으므로 우울과 불안을 통찰하고 주변 학생들과 이를 공유하면 치유에 큰 도움이 될 것이다.

결국 학생의 치유를 위해서는 상담 교사나 정신과 의사 등 전문가의 도움도 필요하지만 교사가 해야 할 몫도 있다고 할 수 있다. 그렇다면 교사는 어떻게 상담하는 것이 좋을까?

교사는 전문가의 도움이 필요한 학생이더라도 지극히 평범한 학생이라고 전제하고 상담하는 것이 좋다. 만약 교사에게 상담 전문가로서의 권위가 부여된다면, "너에게 우울증이 있는 듯하니 선생님이 도와줄게"라고 말해도 학생이 수긍할 것이고 상담하기도 수월할 것이다. 그러나 현실은 그렇지 않으므로 그 말을 들은 학생이나 그 부모가 불쾌해하거나 상담을 거부할 수도 있다.

교사는 학생이 안고 있는 문제를 '그 학생이 선택한 전략'이라 보고 그 전략이 적절한지에 대해 이야기를 나눌 수 있는데, 이렇게 하면 학생도 불쾌감을 별로 느끼지 않고 상담에 응한다. 예를 들면 학교폭력 피해 경험을 가진 학생 중에 주변 학생들과 친해지기 위해서 심한 장난을 치는 경우가 종종 있다. 이런 학생의 마음에는 불안이 자리하고 있고 그것이 과한 행동을 하게 했을 것이다.

이런 학생과 상담을 할 때는 먼저 주변 학생들이 불편해하는 것이 무엇인지 알려 준다. 그다음 그런 행동을 하는 이유를 묻는다. 아마 학생은 "친해지기 위해서"라고 답할 것이다. 교사는 학생에게 그런 전략(방법)을 통해서 친해졌다고 생각하는지 다시 묻는다. 학생이 "그렇다"고 답하기는 쉽지 않을 것이다.

학생이 자신의 행동이 적절치 않았음을 인정하고 나면 "어떻게 해야 할지 모르겠어요"라고 이야기할 텐데, 그때 교사는 대인관계 기술에 대해 조언을 해 줄 수도 있고 학급 친구들에게 고민을 공개하고 도움을 요청하도록 유도할 수도 있다. 학급 친구들에게 도움을 요청하면 학급 친구들은 여러 가지 조언을 해 줄 것이다. 조언 내용 자체가 도움이 될 수도 있지만, 그보다는 자기가 공감받고 있다는 느낌이 안정감을 준다. 도움을 요청한 이후에는 과한 행동을 어느 정도 자제하게 된다. 어떤 행동을 할 때마다 친구들의 시선을 의식할 수밖에 없기 때문이다. 학급 친구들도 너그러운 마음을 갖게 된다.

학생상담에 도움이 되는 이론들

교사가 학생을 상담할 때 도움이 되는 세 가지 이론을 소개한다. 깊이 있게 공부하면 더 좋겠지만, 입문서 한두 권만 보더라도 충분히 도움이 될 것이다.

교류분석

교류분석은 인간이 타인과 어떻게 교류하는지를 분석하는 것이다. 이를 통해 인간 심리를 이해하고 심리적 어려움을 극복할 수 있는 방안을 제시한다. 교류분석은 인간의 내적 경험과 의식이 아닌 외부로부터 관찰 가능한 행동을 연구의 출발점으로 삼는다. 교류분석의 주요 개념은 다음과 같다.

- 스트로크stroke 인정자극을 일컫는다. 교류분석에서는 사람은 누구나

스트로크를 받으려 하는데, 긍정적 스트로크를 받지 못하면 부정적 스트로크라도 받으려 한다고 설명한다. 소동을 일으키는 학생들 중 "관심 끌려고 그러는 것 같아"라고 평가받는 학생들은 어린 시절 긍정적 스트로크를 충분히 받지 못한 학생일 가능성이 높다.

- 인생각본 누구에게나 자각하지 못하는 인생각본이 있다고 한다. 다른 말로 하면, 특정한 상황에 맞닥뜨렸을 때 그 상황이 어떻게 전개될 것이라는 각본을 갖고 있다는 것이다.

  몇 년 전 호신용 스프레이를 가지고 다니는 학생을 만난 적이 있다. 왜 그런지 궁금해서 한참 대화를 했고, 대화를 하면서 그 학생의 생각을 알 수 있었다. 자기를 지킬 수 있는 건 자기 자신뿐이라는 것이었다. 이 학생에게는 이것이 인생각본이었던 셈이다. 그래서 늘 누군가가 자기에게 관심을 보여도 그 사람이 자기를 지켜 줄 수는 없을 거라 생각하고 그 사람의 관심을 차단했다. 결국 그 사람은 이 학생의 곁에서 떠났고, 이 학생은 자기 인생각본을 강화하게 됐다. 하지만 이 학생은 그 사람이 자신의 인생각본 때문에 곁을 떠났음에도 불구하고 그것을 깨닫지 못했다.

  앞서 2부에서는 '이야기 학급운영'을 말하면서 집단이 만들어 가는 각본에 대해 강조했지만, 학생 개인을 상담할 때는 교류분석 이론에서 말하는 본래 의미의 '인생각본'을 염두에 두면 된다.

- 심리게임 사람은 스트로크를 얻고 자신의 인생각본을 확인하기 위해 게임을 한다고 한다. 만약 학생이 "나를 차 주세요" 게임을 하고 있는 것이라면, 그 학생은 교사의 인내심이 바닥나서 자기를 찰 때까지 (화를 낼 때까지) 게임을 멈추지 않는 것이다. 교사가 결국 화를 내면 학생은 자신의 인생각본을 확인하게 된다.

합리적 정서행동치료

합리적 정서행동치료Rational Emotive Behavior Therapy, REBT 이론에서는 어떤 심리적 문제가 발생했다면 그 원인은 그 사람의 가치관(신념체계)에 있다고 말한다. 엘리스Albert Ellis는 이를 간단히 ABC이론으로 설명한다. 그는 이렇게 말한다.

> 사람들은 혐오적인 사건(A : Adivrsity)을 만났을 때 심한 불안이나 우울감과 같은 고통스러운 결과(C : Consequence)를 보인다. 이와 같은 역기능적 결과는 A와 신념체계(B : Belief)가 함께 만들어 낸 결과다.[16]

이를 간단히 표현하면 다음과 같다.

A × B = C

합리적 정서행동치료는 심리적 장애가 인지·정서·행동이라는 세 가지 방식으로 나타나지만 인지(비합리적 신념)를 바꿈으로써 정서와 행동의 변화도 가져올 수 있다고 말한다. 그 이유는 인지가 대개 다른 둘에 비해 쉽게 의식적 접근이 가능하기 때문이며, 인지 변화가 다른 둘에 비해 비교적 빨리 일어나기 때문이다. 합리적 정서행동치료는 인지적 기법뿐만 아니라 정서적 기법, 행동적 기법을 사용하기도 한다.

전문 상담가의 역할까지 할 수 없는 교사에게는 인지적 기법이 유용하다. 대표적인 인지적 기법은 '논박'이다. 내담자의 가치관에 대해 묻고 내담자 스스로 그것이 합리적인 것인지를 생각해 보게 하는 것이다. 교사가 이러한 접근 방식을 사용할 경우, 학생은 선생님이 자기를 심리적 장애를 갖고 있는 사람으로 보는 게 아니라고 판단하기 때문에 거부감 없이 이야기하게 된다.

예를 들어 많은 가해학생들은 "걔가 맞을 짓을 했기 때문에 때린 것"이라고 하거나 "걔가 뒷담화를 하고 다녔기 때문에 따돌린 것"이라고 하면서 자기 행동을 정당화한다. 이럴 때 교사는 윽박지르거나 올바르다고 생각하는 가치관을 강요하기 쉬운데, 그렇게 한다고 해서 학생의 가치관이 바뀌지는 않는다. 교사는 답을 강요할 게 아니라, 다음처럼 학생 스스로가 그런 가치관이 합리적인 것인지 생각하도록 물음을 던져야 한다.

"걔가 맞을 짓을 했다고 치자. 그렇다면 네가 걔를 때린 건 네 기분을 풀기 위해서 그런 게 아니네? 걔의 행동에 대해서 책임지게 한 거네?"

"기분도 나빴죠."

"아, 그럼 네 기분도 풀고 책임도 지우려고 때린 거겠네?"

"뭐…… 그런 셈이죠."

"때리고 나서 기분은 좀 풀렸어?"

"……."

"걔에게 책임도 지운 거니까 걔는 앞으로 그런 행동은 안 하겠네?"

"안 하겠죠."

"너는 잘못했을 때 부모님이나 선생님께 맞아 본 적 있니?"

"네, 있죠."

"맞았을 때 어땠니? 네가 맞을 짓을 해서 그랬다고 생각했니?"

"네."

"기분은 어땠어?"

"좋진 않았죠."

"기분이 좋지 않았다면 '앞으로는 그러지 말아야겠다'는 생각이 든 게 아니라 '걸리지 말아야겠다'는 생각을 하진 않았을까?"

"……그랬죠."

"그럼 걔도 자기 행동을 반성하고 뉘우치기보다는 네가 무서워서 그런 행동을 안 하겠다. 그치?"

"그렇겠죠."

"바로 그런 이유 때문에 교사가 학생을 체벌하는 게 비교육적이라고 하는 건데, 넌 어떻게 생각하니?"

"……."

"다시 물어볼게. 걔가 맞을 짓을 해서 때렸다는 말이 바른 것일까?"

"……."

회복적 학생생활교육

회복적 학생생활교육에서는 기존의 처벌 위주 지도 방식을 '응보적 정의'라 칭한다. 잘못을 했을 때 그에 맞는 처벌을 내리는 것이 곧 정의라는 것이다. 하지만 '응보적 정의'는 두 가지 점에서 큰 문제를 안고 있다. 첫째, 잘못한 사람의 성찰과 반성을 이끌어 내지 못한다. 처벌한 사람을 원망하거나 피해자를 원망하게 될 뿐이다. 둘째, 잘못한 사람이 처벌받는다고 해서 피해자가 치유되는 것은 아니다. 피해자가 가해자에 대한 처벌을 요구하는 것은 분노 때문인데, 가해자가 처벌받는다고 해도 분노가 가라앉거나 심리적 안정을 되찾게 되는 것은 아니다. 피해자에게 필요한 것은 가해자의 처벌이 아니라 가해자의 진심 어린 사과와 책임지려는 자세이다.

회복적 학생생활교육에서는 '응보적 정의'가 아니라 '회복적 정의'가 필요하다고 말한다. 문제 해결의 초점을 '가해자 처벌'에 둘 것이 아니라 '피해자 회복'에 두어야 한다는 것이다. 피해자가 입은 신체적, 경제적, 심리적 피해의 회복과 무관한 가해자 처벌은 지금까지 잘못한 학생들의 변화에 큰 역할을 하지 못했다. 가해자를 비롯한 주변 사람들은 피해자가 어떤 상처를 입었고 어떤 요구가 있는지에 귀를 기울여야 한다. 피해자의 요구를 채워 주는 방향에서 가해자가 져야 할 책임도 결정해야 한다. 그래야 피해자는 회복되고 가해자는 반성할 수 있다.

회복적 대화 모임의 한 형태인 '서클Circle 모임'은 회복적 학생생활교육의 대표적인 모델이다. 참석자들은 대개 둥글게 모여 앉는다. 가해자, 피해자, 가해자의 가족, 피해자의 가족, 진행자, 교사, 지역사회 인사 등 사건과 관련된 사람들이 참석한다. 토킹 스틱talking stick이라고 부르는 막대기나 상징물을 돌리면서 진행하는데, 토킹 스틱을 가진 사람만이 발언권을 갖는다. 진행자는 질문을 하고, 참석자들은 돌아가면서 자신의 생각을 말한다. 대개 한 번만 돌아가는 것이 아니라 몇 번씩 돌아가며 진행한다. '서클 모임'을 학교폭력 해결에 활용할 경우 학생들을 문제 해결의 주체로 세울 수 있고 학교폭력을 공론화해 해결할 수 있다는 점에서, 2부에서 제시한 '학급 자치 위원회(진실과 화해 위원회)'와도 닮았다.

따돌림사회연구모임의 이경재는 '서클 모임'에 대해서 아래와 같이 간략하게 정리해 보여 준다.[17]

서클 모임

1. 원칙

    1) 가해자를 벌주는 것보다 피해자의 필요, 피해의 회복에 초점을 맞춘다.

    2) 가해자와 피해자가 만나 서로의 필요와 책임을 직면하고 인식한다.

    3) 대화에 참가한 구성원들은 회복을 위해 자발적인 책임을 갖는다.

    4) 대화의 결과보다는 과정에서 화해와 용서를 통해 관계를 회복하도록 한다.

해설 1) 가해자를 벌주는 것만으로는 피해자 치유, 가해자 반성, 재발 방지 등에 별 도움이 안 된다.

해설 2) 만나서 각자의 입장과 요구에 대해 이야기하는 것이 공감과 용서, 치유, 화해를 가능하게 한다. 가해자 입장에서는 모든 관계자와 직면하는 시간보다 벌을 받는 것이 더 쉽다고 생각할 수도 있다.

해설 3) 자발적인 책임을 가지고 피해 회복을 위해 노력하는 것이 중요하다. 대화에 참가한 모든 사람이 책임을 나누어 갖는다.

해설 4) 모든 모임이 만족할 만한 합의에 도달하지 못할 수도 있지만, 이미 대화 과정 자체에서 많은 것들이 이루어진다.

2. 회복적 학생생활교육의 4가지 기본 질문

1) 무슨 일이 있었는가?

2) 사건으로 누가 영향을 받았는가?

3) 영향을 받은 사람들에게 채워져야 할 필요는 무엇인가?

4) 참석한 모든 사람이 각자 앞으로 어떻게 해야 한다고 생각하는가?

※ 위 네 가지 질문은 모두에게 묻는다.

해설 1) 무슨 일이 있었는가? 이는 있었던 사건의 실체를 규명하는 과정이다. 진실을 밝혀 가다 보면 사실에 관한 이해가 다르고, 이로 인해 오해가 발생할 수도 있다. 하지만 상대방의 의도를 이해하고 보면 별것 아닌 일일 수도 있다. 따라서 진실을 명확히 하는 것이 중요하다. 이것이 화해의 시작이자 끝일 수도 있다. 실제로 서클 모임을 시작하기 전에 다음처럼 어느 정도의 사실관계는 정리하는 것이 바람직하다.

• 무슨 일이 있었는가?

- 그때 본인은 기분이 어땠는가?

- 왜 그런 일이 일어났다고 생각하는가?

해설 2) 사건으로 누가 영향을 받았는가? 가해와 피해가 있는 사건의 경우 '누가 어떤 피해를 입었는가?'를 묻는 것과 동일하다. 개인이나 공동체가 어떤 피해와 영향을 입었는지를 함께 생각한다.

- 누가 가장 큰 피해자인가?

- 왜 그 사람인가?

- 그 사람의 기분은 어떨 거라고 생각하는가?

해설 3) 영향을 받은 사람들에게 채워져야 할 필요는 무엇인가? 영향과 피해를 바로잡기 위한 방법들을 이야기한다. 어떤 사건이 있었을 때 직접적 피해자뿐만 아니라 실제로 많은 주변 사람들(교사 포함)에게 영향을 주고 있다는 것을 이해하는 시간이다.

- 피해가 회복되려면 어떤 조건을 만들어야 한다고 생각하는가(구성원 각자)?

해설 4) 참석한 모든 사람이 각자 앞으로 어떻게 해야 한다고 생각하는가? 피해자의 입을 통해 피해의 사실을 직접 들으면 대화 모임에 참여한 사람들은 피해를 회복하기 위해 무엇을 해야 할지 자발적 책임을 느끼게 된다. 대화에 참가한 모든 구성원이 함께 논의해 영향과 피해를 바로잡고 재발을 방지하려면 자신과 구성원들이 각자 무엇을 해야 한다고 생각하는지 말한다.

- 앞으로 이런 일이 생기지 않기 위해서 무엇을 할 수 있는가? 무슨 일이 일어나야 하는가(구성원 각자)?

3. 적용 가능한 사례

당사자뿐 아니라 관계된 모든 사람이 모일 수도 있고 또래 조정을 할 수도 있다.

1) 갈등 관계 시

축구 대회를 앞두고 맹연습 중 A는 화가 났다. B와 같은 팀에서 축구하고 싶지 않다고 했다.

질문 1. 왜 화가 났는가? 요구가 무엇인가?

A : 나도 나름대로 열심히 하는데 B가 자꾸 이래라 저래라, 공격해라 수비해라 해서 기분 나빴다. 내가 알아서 하게 놔뒀으면 좋겠다.

B : 축구란 혼자 하는 운동이 아니고 팀이 함께 하는 팀워크가 중요한 운동이다. 포지션이 있고 개인이 하고 싶은 대로 할 수 있는 것은 아니다.

질문 2. 앞으로 자신은 어떻게 할 것인가?

B : 내가 화내고 시켜서 A가 화가 났다는 것을 알았다. 앞으로 화내지 않고 서로 잘 의사소통하여 좋은 팀워크로 경기에 임할 수 있도록 하겠다.

A : B가 한 말도 일리가 있다. 나도 내 생각만 하지 않고, 내 생각이 있으면 친구들에게 잘 이야기해서 문제를 풀어 나가겠다.

→ 결과 1) 회복적 질문의 원리에 입각하여 묻고 답하는 과정에서 갈등이 쉽게 해결되었다.

2) 따돌림 문제

　A(중3)는 사회성 결핍, 우울, 주의력결핍과잉행동장애 등 많은 진단명을 가지고 있었고 정신과 치료를 받고 있는 아이였다. 반사회적 인격장애까지 우려되기도 했다. 학급에서 매일같이 크고 작은 문제를 일으켰고 아이들과 갈등이 많았다. 아이의 상태를 이해하는 반 아이들이 열외로 하고 나름 배려를 하기도 했지만, 그들도 아이인지라 A의 모든 행동을 봐주기만 할 수는 없었다. 그러던 중 A와 A의 부모가 몇몇 아이들이 A를 괴롭힌다고 문제를 제기했다.

　A와 세 명의 아이들을 불러 둘러앉혔다. A의 가장 큰 요구는 친구를 사귀고 싶었던 것이었으나 그 방법들이 적절치 않아 아이들이 많이 화나 있었다. 그건 반 아이들 모두가 마찬가지였다. 무슨 일이 있었는지, 왜 그렇게 했는지, 어떤 생각과 느낌이 들었는지, 상대에 대한 요구가 무엇인지 등을 물었고, 각자 앞으로 어떻게 해 나갈 것인지 이야기 나누었다. 특별히 A와는 열 가지 약속을 정했다. 아이들의 이야기를 듣는 과정에서 친구를 사귀기 위해 자신이 무엇을 해야 하는지 느끼는 바가 있었던 것이다.

- 문자를 계속하거나 따라다니면서 귀찮게 하지 않는다.
- 수업 시간에 아이들을 방해하지 않는다.
- 툭 치고 지나가지 않는다.
- "왜 꼬나 봐"라는 말을 하지 않는다.

A에게 앞의 조항 등 열 가지 약속을 외우게 하고, 문제가 될 때마다 열 가지 조항을 되뇌게 했다. 졸업 이후. 중학교까지는 초등학교부터 어

울린 아이들이 있어서 익숙했지만, 고등학교에 가면 아는 친구도 별로 없고 친구들이 이 아이의 행동을 이해하지 못해 관계에 더욱 어려움을 겪지 않을까 걱정이 컸다. 그러던 고등학교 1년이 거의 지나갈 무렵, A에게 아주 잘 지낸다며 연락이 왔다.

"선생님 고맙습니다."

"뭐가?"

"선생님이 친구 사귀는 법을 알려 주셨잖아요."

→ 결과 2) 상대방의 이야기를 듣고 자발적인 책임을 느끼는 것이 행동 변화의 원동력이 된다.

3) 문제 행동(선도 위원회)

꼭 가해와 피해가 있는 사건이 아니더라도 회복적 대화 모임을 통해 변화를 모색할 수 있다.

• 무슨 일이 있었는가? : 문제 행동의 내용
• 왜 그런 일이 일어났는가? : 문제 행동에 이르게 된 환경적, 심리적 원인 등
• 어떤 문제와 피해가 있었는가? : 가족, 학급, 친구, 교사 등 대화 모임에 참석한 사람들의 생각
• 앞으로 무엇을 할 것인가? : 회복하고 개선하기 위해 모두가 무엇을 도와야 할지 자신의 자발적 책임에 대해 이야기한다(부모, 교사, 친구, 지역사회 등).

→ 결과 3) 책임을 나누어 갖는다.

4) 폭력 사건(폭력 자치 위원회)

폭력 사건이 일어나면 폭력 자치 위원회는 다음과 같은 순서로 사건을 처리한다.

① 사전 모임을 통해 각자의 진실과 입장을 확인하고, 대화 모임 참여에 대한 동의를 구한다.

② 함께 책임을 나눌 수 있는 부모, 담임교사, 학생부장, 교감, 지역사회 관계자 등이 모두 모인다.

③ 당사자가 안쪽 서클, 관계된 모든 사람이 바깥쪽 서클 등 두 개의 서클을 만들기도 한다.

④ 진행자가 대화 모임의 기본 규칙을 정하고 시작한다. 발언 기회가 주어졌을 때만 말하고, 경청한다. 여기에서 논의한 내용을 밖에서 이야기하지 않는다. 중간에 자리를 옮기거나 뜨지 않고 끝까지 함께한다.

→ 결과 4) 관계된 사람이 많이 모일수록 책임이 나눠지고, 합의를 이행하는 과정을 지켜보면서 이끌 수 있다.

사례로 본 효과적인 학생상담법

다음 실제 사례를 보면 학생상담법을 좀 더 명확히 이해할 수 있다.

혁우는 평소 말수가 매우 적은 학생이었다. 교실에서 외톨이(고립아)로 지냈지만 다른 학생들로부터 괴롭힘을 당하지는 않았다. 공부를 잘하는 편이었고, 주변 학생들이 뭘 부탁하거나 물어보면 친절하게 대답해 주었기 때문에 주변 학생들이 싫어하지는 않았다. 다만 자신이 뭔가 피해를 입었다고 생각할 경우 상대방에게 적대감을 드러냈고 공격하기도 했다. 1, 2학년 때 각각 한 번씩 다른 학생과 크게 싸운 적이 있었는데, 주변 학생들도 그것을 알고 있었기 때문에 웬만하면 혁우를 건드리지 않았다.

12월 29일, 방학 전날이었다. 수능도 끝난 데다 취업 나간 학생들이 많아서(전문계 고등학교) 교실에는 10명도 채 되지 않는 아이들이 앉아 있었다. 학생들은 정해진 자리에 상관없이 친한 친구들과 어울려 앉았고, 어차피 수업이 거의 진행되지 않는 상황이었기 때문에 담임교사도 그것을 통제하지 않았다.

1교시 시작 전에 연희는 혁우 자리에 앉아 있었다. 혁우 자리 앞에 앉아 있는 자기 친구와 대화를 나누기 위해서였다. 잠시 후 등교한 혁우는 자기 자리에 연희가 앉아 있는 것이 불쾌했다. 그래서 책상 고리에 걸려 있던 연희의 실내화를 바닥에 내려놓으며 비켜 줄 것을 요구했다.

연희는 이전에도 몇 차례 혁우의 자리에 앉은 적이 있었는데, 혁우는 이런 상황이 반복되는 것이 기분 나빠서 연희의 실내화를 바닥에 내려놓은 것이다. 반면 연희는 혁우가 비켜 달라고 말하지도 않고 다짜고짜 자기 실내화부터 치우는 것을 보고 기분이 나빴다.

혁우는 계속해서 비키라고 요구했고 연희는 정해진 자리가 어딨냐면서 비켜주지 않았다. 말다툼을 하는 과정에서 욕이 오갔고 잠시 후 담임교사가 교실에 도착했다.

욕이 오가는 과정에서 혁우는 연희를 위협할 목적으로 가방 속에 있던 가위를 꺼냈다. 혁우는 담임교사에게 "애 좀 끌어내 주세요"라고 말했고, 연희는 손으로 혁우의 어깨를 쳤다. 혁우가 가위를 들고 위협했지만 연희는 물러서지 않았다. 혁우는 들고 있던 가위로 연희의 어깨를 쳤는데, 연희의 점퍼가 찢어졌고 어깨를 찔려서 상처를 입었다. 연희는 어깨를 찔렸음에도 물러서지 않고 혁우에게 달려들었고, 두 사람이 싸우는 과정에서 연희도 혁우를 몇 차례 때렸다. 혁우는 들고 있던 가위, 볼펜으로 연희를 공격했다. 연희는 얼굴 두 군데, 손바닥, 어깨 등 다섯 군데에 상처를 입었다. 순식간에 벌어진 상황에 놀란 담임교사는 혁우에게 교실 밖으로 나가라고 했고, 혁우가 교실 밖으로 나가면서 상황이 종료됐다.

담임교사는 우선 연희를 병원에 데리고 갔고 연희의 부모에게도 연락했다. 혁우는 생활지도부에서 조사를 받았다.

학교폭력 책임교사는 혁우에게 무슨 일이 있었는지 말해 보라고 했다. 그러나 혁우는 좀처럼 입을 열지 않았다. 교사가 물어보는 말에만 짧게 대답할 뿐이었다. 교사는 이렇게 해서는 무슨 일이 벌어졌는지 파악하기 어렵겠다고 생각하고, 혁우에게 종이를 주었다. 그리고는 무슨 일이 있었는지 쓰게 했다. 혁우가 쓴 글을 본 교사는 이해되지 않는 부분, 궁금한 부분을 물어보며 대화를 시도했다. 잘못을 추궁하는 자세로 대화해서는 솔직한 이야기를 듣기 어렵다고 판단하고, 객관적인 자세로 대화하려고 노력했다.

교사가 가장 궁금했던 것은 '왜 혁우가 가위로 연희를 찔렀는가?'였다. 가위를 학교에 가지고 온 이유가 무엇인지 물었을 때, 혁우는 머리를 손질하려고 갖고 다녔다고 했다. 연희를 찌르기 위해 가위를 꺼냈냐고 묻자, 혁우는 단지 위협을 할 목적으로 꺼낸 것이라 했고 찌를 생각은 없었다고 했다. 연희가 자기를 때리고 소리를 지르니 화가 나서 자기도 모르게 연희를 찌르게 됐다고 했다.

혁우 이야기를 들었음에도 교사는 혁우의 행동이 쉽게 이해되지 않았다. 그래서 속으로 혁우에 대해 좀 더 알아봐야겠다고 생각했다.

혁우는 대화를 할 때 독특한 특성을 보였다. 교사의 질문에 대해서 바로 답을 하지 않고 한참 생각한 뒤 짧게 답하는 것이었다. 어차피 연희에 대한 가해 사실이 명백하게 드러난 상황이라 거짓으로 꾸며서 말할 필요는 없었다. 혁우의 태도도 뭔가를 꾸며서 말하는 태도는 아니었다.

"말을 굉장히 신중하게 하는구나? 왜 그런지 궁금한데, 얘길 좀 해 줄 수 있을까?"

"제 생각을 상대방에게 정확하게 전달하는 게 되게 어려워요. 그 반대의 경우도 마찬가지고. 그래서 제 생각이 정확하게 전달되려면 어떻게 말해야 할까 고민하죠."

교사는 혁우가 어릴 때 어떻게 지냈는지 궁금했다. 그래서 조심스럽게 어린 시절에 대해서 물어봤다. 혁우가 어릴 때(초등학교 저학년) 혁우 부모님은 이혼했고, 혁우는 엄마와 살게 됐다. 엄마는 곧 재혼을 했는데, 무슨 일인지 새아빠 앞에서는 혁우를 야단치거나 얌전히 있도록 강요했다. 하지만 엄마와 혁우 두 사람만 있을 때 엄마는 혁우에게 자상한 엄마였다. 새아빠는 혁우에게 신경을 써 주는 듯하기도 했으나, 혁우가 보기에는 가식으로 느껴졌다. 새아빠는 혁우에게 믿음을 주지 못했고 혁우는 그런 새아빠를 믿지 못했다. 그 뒤로 혁우는 말수가 적어졌고 학교에서도 누가 말을 시키는 때가 아니면 먼저 말을 꺼내는 일이 거의 없었다.

혁우와의 면담이 끝난 뒤 교사는 박아영 선생님을 만났다. 혁우가 유일하게 대화를 나누는 선생님이었다. 국어를 가르치는 박아영 선생님은 소설가이기도 했는데, 혁우에게 글 쓰는 재능이 있다는 것을 발견하고 혁우가 그 재능을 살릴 수 있도록 도와주기도 했다. 박아영 선생님은 혁우가 1학년 때 호신용 스프레이를 가지고 다녔다고 했다. 혁우네 반 아이들도 그런 사실을 알고 있었고, 혁우를 독특한 아이라고 생각했다는 것이다. 그리고 1학년 때도 어떤 아이와 싸운 적이 있었다고 했다. 다행히 그때는 상대를 심각하게 때리거나 하지는 않았다고 했다.

　박아영 선생님과 만난 뒤 혁우의 담임 선생님과도 만났다. 혹시 혁우에 대해서 이해하는 데 도움이 될 만한 정보가 있을까 싶었다. 담임 선생님은 교사가 혁우와 나누었던 이야기를 듣고 놀라워했다. 혁우와 1년 동안 지내면서 혁우가 말하는 것을 거의 듣지 못했고 뭘 물어봐도 뜸들이다가 짤막하게 대답할 뿐 말이 없었는데, 처음 만난 선생님 앞에서 그렇게 많은 이야기를 풀어 놓을 줄 몰랐다는 것이었다.

　교사는 혁우에 대해 알수록 혁우를 이해하기 어렵다는 생각이 들었다. 혁우의 인생 태도가 어떻게 만들어진 것인지, 태도를 바꾸기 위해서는 어떤 도움을 줄 수 있는지 판단하기가 어려웠다.

　그날 밤 혁우와 어떻게 이야기를 풀어 가야 하나 고민하던 교사는 몇 가지 이야깃거리가 될 만한 것들을 정리했다.

1. 혁우가 박아영 선생님 이외에는 누구와도 대화를 길게 나누지 않는다고 들었다. 담임 선생님 말에 따르면 뭘 물어봐도 대답을 안 하거나 짧게 했다고 하던데, 나와 이야기할 때는 자세히 답한 이유가 무엇인가?

2. 의사소통 문제. 상황에 가장 적절한 표현, 감정에 가장 적절한 표현을 찾아서 말하면 의도대로 상대방에게 전달될까? 사람들은 빈말도 하고 허풍도 떨고 인사치레도 하고 그러면서 지낸다.

3. 혁우는 다른 사람과의 관계에서 늘 자신이 피해를 입을지도 모른다고 생각한 것은 아닌가? 이렇게 생각한다면 이것은 일종의 인생각본일 수 있다. 피해자의 인생각본이라고 할 수 있겠는데, 그렇게 보면 갈등 상황에서 가위를 든 것, 호신용 스프레이를 갖고 다녔던 것

이 이해된다.

다음 날 방학식이 끝난 뒤 교사는 혁우를 불러 다시 이야기를 나눴다. 혁우는 앞의 1번 물음에 대해 이렇게 답했다.

"그냥 선생님에게는 말해도 될 것 같았어요."

"그게 무슨 뜻이지? 네가 어떤 사람인지 단정 짓지 않을 거라는 믿음 같은 걸까?"

"그런 건지도 모르겠어요."

"그럼 다른 선생님들이나 아이들과 대화할 때는 네 말을 정확히 이해하지 못한다는 느낌을 많이 받았다는 거겠네?"

"그런 셈이죠."

"그럼 선생님은 정확하게 이해하고 있니?"

"그러려고 노력하시는 것 같아요."

자연스럽게 두 번째 주제로 넘어가서 대화를 이어갔다.

"너는 네 생각을 그대로 다른 사람에게 전달하기 어렵다고 했어. 그래서 어떻게 말할까 고민한 뒤 말하는 편이고. 말 자체를 별로 많이 하지 않는다고 했는데, 그러면 네 의도대로 받아들여질 가능성이 높아질까?"

"글쎄요."

"똑같은 말을 해도 받아들이는 사람은 다 제각각으로 받아들여. 물론 대체로는 비슷하게 이해하지만, 자신의 경험이나 가치관에 따라 전혀 다르게 받아들이기도 하지. 물론 네가 좀 더 정확한 표현을 찾아서 말한다면 좀 더 정확하게 전달될 가능성이 커지는 거지만, 그렇다고 해도 받아들이는 사람이 네 의도와 다르게 받아들일 가능성은 여전히 있다고 할 수 있지."

"그렇겠죠."

"사람들은 가끔 빈말도 하고 진심이 아니더라도 원만한 관계를 위해 인사치레도 하고 때로는 자기 자신을 포장하기도 하고 그래. 그렇다고 해도 그 사람들이 가식적인 건 아니지. 넌 어떻게 생각하니?"

"음…… 생각해 볼게요."

"네가 하고자 하는 말을 상대방이 정확하게 이해했는지 궁금하다면 확인해 보면 돼."

이쯤에서 세 번째 주제로 넘어갔다.

"이제 얘기를 살짝 돌려 볼게. 어떤 심리학 이론에 따르면, 사람에게는 인생각본이라는 게 있대. 어떤 상황에 맞닥뜨리게 됐을 때 그 상황이 어떻게 전개되고 어떤 결말이 날지 예측한다는 거지. 근데 본인은 그런 각본을 가지고 있다는 것을 깨닫지 못한다는 거야. 각본을 인식하지 못하면서 그 각본을 확인하기 위해 무의식적으로 노력한다는 건데, 선생님은 너와 얘기하면서 너의 인생각본이 누군가와 갈등이 생겼을 때 대응하는 방식을 결정하고 있는 게 아닌가 생각했어.

"……."

"1학년 때 호신용 스프레이를 갖고 다녔던 것이나 이번에 연희를 가위로 찌른 것은 평범한 행동은 아니야. 그래서 선생님은 어떤 인생각본이 너를 그렇게 행동하게 한 게 아닌가 그런 생각을 해 봤어."

"(한참 생각하다가) 저는 저를 지킬 수 있는 게 저밖에 없다고 생각했어요. 아무도 나를 지켜 줄 수 없다. 그러니 나 스스로 나를 지켜야 한다고 생각했죠. 그래서 호신용 스프레이도 갖고 다녔던 것 같아요."

"가위도 그래서 넣고 다녔던 거 아니니?"

"그건 아니에요. 가위는 옷의 실밥을 제거하거나 머리를 손질하거나 할 때 쓰려고 가지고 다녔어요."

"그런데 연희와 다툴 때는 어쨌든 머리를 손질하려고 꺼낸 건 아니잖

아. 네가 어제 말했다시피 위협하려고 꺼냈다면서?"

"그렇죠."

"그러니까 이번엔 가위가 호신용 스프레이를 대신한 거라고 생각해도 되지 않을까?"

"⋯⋯."

"선생님이 보기에는 '나를 지켜 줄 사람은 나밖에 없다'는 너의 생각이 인생각본이 아닌가 싶어. 그리고 그런 각본은 어릴 때 부모님과의 관계에서 생긴 게 아닐까 싶고. 엄마가 너와 둘만 있을 때는 잘해 주시고 미안해하고 그러시다가도 새아빠 앞에서는 일부러 엄격하게 구셨다고 했지? 그런 엄마의 태도가 네게 그런 각본을 만들어 준 건 아닐까? 새아빠와의 의사소통이 어려웠던 것도 각본에 영향을 주었을 것이고.

"(곰곰이 생각해 보더니) 그럴 수도 있겠네요. 생각해 볼게요."

"앞으로도 살면서 누군가와 다투거나 갈등이 생길 때가 많을 텐데, 그땐 어떻게 대응해야 할까? 인생각본을 깨닫고 나면 적어도 무의식적으로 똑같은 실수를 반복하는 건 막을 수 있을 것 같아."

이렇게 교사는 학생의 행동이 이해하기 어렵다면 인생각본이 작용하고 있다고 가정하고 이야기를 풀어 나가면 된다. 각본을 찾기 위해 대화를 나누는 과정은 합리적 정서행동치료 이론의 접근법(논박하기)을 활용한다. 즉, 학생이 그렇게 행동하게 한 가치관을 찾아가는 것이다. "너는 그 상황에서 가위로 상대방을 공격했지만, 모든 사람이 그렇게 행동하는 건 아니야. 너는 왜 그렇게 행동했을까?" 이런 것이 가치관을 찾기 위한 질문이다. 학생의 대답이 합리적이지 않다면 추가적으로 질문을 하면서 학생 스스로 왜 그런 행동을 했는지 생각해 보게 한다.

6부

생활지도의
어려움 극복하기

생활지도가 어려운 이유

생활지도와 학교폭력과의 관계

최근 생활지도의 어려움을 호소하는 교사들이 많다. 학생이 의도적으로 교사를 우스갯거리로 만들거나 학부모가 폭언을 하는 등을 이유로 심리적 상처를 입는 경우가 흔하기 때문이다. 이러한 생활지도 어려움의 원인으로 체벌 금지, 학생 인권조례 등을 지적하는 사람들도 있으나, "그렇게 강압적인 방식이 지금도 통하겠는가?", "그런 방식이 교육적이라고 할 수 있는가?"라고 반문하면 자신 있게 대답하지 못한다. "어쨌든 그거라도 있으면 지금보다는 낫지 않겠는가?" 하는 수준의 대답만 돌아올 뿐이다.

학교폭력을 연구하다 보니 생활지도의 어려움이 학교폭력과도 무관하지 않다는 것을 알게 되었다. 학생들이 교사의 지시에 따르지 않거나 의도적으로 무시하는 것이 인정욕망과 관련있기 때문이다.

잘못을 인정받거나 모른 척 넘어가거나

오늘도 정호가 엎드려 있다. 김 선생님은 정호에게 다가가 부드러운 목소리로 정호를 깨운다.

"정호야, 수업 시간 됐으니 일어나자. 수업 들어야지."

정호는 꿋꿋하게 잔다. 말해도 소용이 없자 김 선생님은 정호의 어깨에 손을 얹고 살짝 흔들면서 다시 일어나라고 말한다. 그제야 정호가 몸을 뒤척인다. 하지만 여전히 일어나지 않는다. 이제 김 선생님에게서 경직된 목소리가 나온다.

"얼른 일어나!"

"싫은데요?"

김 선생님은 자기 귀를 의심한다.

"방금 뭐라고 말했니? 내가 잘못 들었나?"

"일어나기 싫어요."

김 선생님은 감정을 꾹꾹 누르면서 말한다. 언성을 높이지는 않았지만 상당히 경직된 말투다.

"어디 아프니? 아니면 무슨 일 있었어?"

"그냥 일어나기 싫어요."

떠들던 아이들의 시선이 일제히 김 선생님과 정호에게 꽂힌다.

이런 상황에서 교사가 대처하는 방식은 둘 중 하나인 경우가 많다.

첫째, 학생에게 즉시 잘못을 인정받으려 하는 경우이다. 교사가 언성을 높일 때 학생이 물러서는 경우도 있지만, 그렇지 않은 경우도 많이 일어난다. "어쩌라고요"라고 말하거나 심지어 욕을 하는 경우도 있다. 이쯤 되면 교사도 이성을 잃기 쉽다. "너 지금 욕했니?"라고 따지는 교사에게 학생은 이렇게 받아친다. "선생님한테 한 거 아닌데요. 혼잣말인데요."

결국 교사는 학생을 생활지도부에 인계하고 '교사 지도 불응'을 이유로 징계를 요구한다. 징계를 요구하고 나서는, 다른 교사들이 '저런 문제 하나 해결 못해서 생활지도부까지 애를 데리고 오나?'라고 생각할 것 같아서 수치스러워한다.

둘째, 많지는 않지만 최근에는 그냥 모른 척하고 넘어가는 교사도 있다. 이런 교사는 잘못을 인정받으려고 해 봐야 자기 꼴만 우스워지기 십상이라고 생각하거나, 수업을 듣지 않아 손해 보는 건 학생일 뿐이라며 자위한다.

첫 번째 경우에도, 두 번째 경우에도 교사는 실패한다. 두 방식 모두 학생의 반성을 이끌어 내지 못하며 학생들 사이에서 교사는 웃음거리가 되기 때문이다. 이와 비슷한 상황이 교실에서 종종 연출되는데, 문제를 일으키는 학생은 대체로 교사를 희생양 삼아 학생 사이에서 자신의 권력을 확인한다.

체벌 금지가 상황을 악화시킨 주범일까

생활지도의 어려움을 교권 추락과 관련해 설명하는 사람들도 있다. 이 입장에 서 있는 사람들은 체벌 금지와 학생 인권조례가 생활지도를 포기하게 한다면서, "신체 또는 도구를 이용한 직접적 체벌은 금지하되, 교사가 즉각 시행할 수 있는 교육적 훈육인 간접적 체벌은 허용"해야 어려움을 해소할 수 있다고 말한다.

찬찬히 생각해 보자. 체벌 금지 때문에 생활지도가 어려워지고 심지어는 학생이 교사를 공격하는 사건이 늘어난 걸까? 체벌 금지 이전에도 생활지도의 어려움을 호소하는 교사들은 많았고, 학생의 교사 공격 사건도 종종 있어 왔다. 체벌 금지나 학생 인권조례를 악용하는 사례가 더러 있을 수는 있으나, 그것이 생활지도를 어렵게 한 결정적 이유라고 말하는 것은 성급한 일반화의 오류이다. 그렇다면 생활지도의 어려움은 언제부터 시작된 것일까? 그리고 그 이유는 무엇일까?

사실 교사들이 생활지도의 어려움을 느끼기 시작한 것은 1990년대 말부터이다. 그때쯤 "학교 붕괴", "교실 붕괴"라는 말이 처음으로 나오기 시작했는데, 이 시기는 학교폭력의 심각성에 대해 사회적으로 관심을 갖게 된 시기와도 일치한다. 아무리 깨워도 자는 아이들, 수업 시간임에도 돌아다니는 아이, 교육 지도에 대한 불응, 학교폭력의 심화……. 이러한 현상이 심화된 시기는 교사를 지식의 공급자로, 학부모와 학생을 수요자로 보기 시작한 시기와 겹친다. 이러한 인식이 확산되면서 교사의 사회적 권위는 무너졌다.

생활지도에 대한 교사의 법적 권한은 그 이전에도 없었다. 다만 이전에는 교사의 사회적 권위가 인정되었다. 국가가 절대적 권력을 휘둘렀던 것처럼 교사도 교실에서 절대적 권력자였다. 교사가 학생을 발로 차고 뺨을 때려도 '사람 만들기 위한 것'으로 인정받았고, 어떤 학부모들은 "더 때려 달라"고 부탁하기도 했다. 그러나 수요자(소비자)가 된 학부모는 더 이상 교사의 절대 권력을 인정하지 않는다. 학원과 학교를 비교하고, 스스로는 용의복장 지도를 못하면서도 학교에는 요구한다. 문제가 생기면 가정교육에 문제가 있는 것은 아니었는지 반성하면서 교사와 상의하기보다는, 교사에게 책임을 전가한다. 그러나 교사에게 책임을 돌린다고 해도 문제가 해결되는 것은 아니므로 결국 학부모들도 상처를 입는다.

한편 학생에게서는 병리적 현상이 나타났다. 학부모들의 지나친 보호 속에서 자란 학생들은 자기 삶을 스스로 꾸려 가는 능력을 잃어 버렸다. 대학에 진학해서도 수강 신청을 부모가 대신 해 주고 심지어 보고서도 돈을 주고 산다는 이야기가 들린다.

　서울 강남에 근무하는 선생님들은 조울증에 시달리는 시한폭탄 같은 아이들이 많다고 말한다. 반면 부모의 돌봄을 전혀 받지 못하고 자라는 학생들도 점점 많아졌다. 부모의 사랑을 받지 못한 아이들은 교사와 학생의 관심을 끌기 위해 끊임없이 소동을 벌이고 누군가를 괴롭힌다. 희망이 없으니 엎드려 자고 알바해서 번 돈을 노는 데 쓴다. 교사를 웃음거리로 만들어 학생 사이에서 자기 권력을 확인한다.

　지나친 보호 속에서 자라는 자녀든 부모의 돌봄을 전혀 받지 못하고 자라는 아이든 타인과 평화롭게 관계 맺을 줄 모른다. 따돌리거나 폭행하거나 아니면 은둔형 외톨이[18]가 되어 관계 맺기를 거부하기도 한다.

　생활지도가 어려워진 것은 체벌 금지나 학생 인권조례 때문이 아니라 이런 이유 때문이라고 할 수 있다. 과거의 억압적이고 통제적인 권력이 무너진 자리에 새로운 권위가 들어서지 못했고, 학생은 가정과 사회와 학교에서 방치되거나 지나친 보호에 갇히면서 무기력, 공격성, 우울증을 보이게 됐다. 간접 체벌을 허용한들 학생들에게서 나타나는 병리적 현상이 해소되지는 않을 것이다.

생활지도 문제, 어떻게 해결할까

정호에게 즉시 잘못을 인정받으려 하는 태도도, 모른 척하고 넘어가는 태도도 교사를 실패하게 한다면 어떻게 접근하는 것이 좋을까? 교사가 꼭 염두에 두어야 하는 것은 바로 이것이다. 어떤 학생이 교사의 지도에 따르지 않는 순간, 그 문제는 교사와 학생 사이의 문제가 아니라 그 학급 전체의 문제가 된다는 것이다. 문제를 일으킨 학생은 주변 학생을 의식한다. 정호가 교사를 곤경에 빠뜨려 학급 친구들에게 힘을 과시하려 했건 특별한 의도가 없었건 간에 정호는 주변을 의식한다. 만약 자기가 물러서면 친구들이 자기를 비웃을지도 모른다고 생각하기 때문이다.

프리츠 반델이 제시하는 해법 – 학생이 원하는 것을 주라[19]

이와 같은 상황에서 프리츠 반델은 학생이 원하는 것을 주라고 말한다. 학생이 원하는 것을 주라는 이야기는 학생이 원하는 대로 해 주라는 말이다. 즉, 교사 대 학생의 갈등 관계를 만들지 말라는 것이다. 갈등이

218

고조되면 교사가 실패할 가능성이 커지기 때문이다.

앞서 말한 것처럼 교사 대 학생의 갈등 구도가 형성되면, 이제 갈등은 두 사람만의 문제가 아니라 학급 전체의 문제가 된다. 교사와 학생은 링 위의 선수가 되는 것이고 다른 학생들은 관중이 된다. 교사와 학생이 링 위의 선수가 되는 것은 이미 교사가 실패하는 것이다. 왜냐하면 교사와 학생의 관계는 링 위의 선수 대 선수 관계와 같지 않기 때문이다.

여기서 이런 의문이 생긴다. 정호가 원하는 것을 준다는 말은 정호가 자게 내버려 두라는 얘기가 아닌가? 이것도 역시 교사의 실패를 보여 주는 일이 아닌가? 학생이 원하는 것을 주라는 말은 학생이 자기 맘대로 하도록 내버려 두라는 이야기가 아니다. 교사가 학생의 의도를 이미 파악하고 있다는 메시지를 직간접적으로 전달하면서, 일단은 학생이 원하는 대로 하게 두라는 말이다.

"정호야, 선생님은 네가 물러서기 쉽지 않다는 걸 알아. 일부러 선생님을 당황하게 하려고 작정을 했을 수도 있지만 그런 건 아니길 바란다. 잠시 마음 좀 가라앉히고 나서 수업을 들어 주길 바란다."

이처럼 이야기한 뒤, 5~10분 정도 정호에 대해서 신경 쓰지 않고 수업을 진행한다. 물론 그 뒤에도 계속 정호가 의도적으로 수업을 거부한다면 다른 조치가 필요하겠지만, 이 경우에도 정호에게 다른 이유가 있는 것은 아닌지 한 번 더 살피는 것이 좋다. 밤늦게까지 아르바이트를 했을 수도 있고 뭔가 굉장히 기분 상하는 일이 있었을 수도 있을 것이다. 말을 할 때는 비꼬는 듯한 말투가 되지 않도록 주의할 필요도 있다.

관중을 상황에 끌어들이기

지켜보고 있는 학생들도 정호의 행동이 옳다고 생각하지는 않는다. 다만 학생들은 옳고 그름보다는 상황이 어떻게 전개될지 지켜보는 데 집중하는 것이다. 지켜보고 있는 학생들을 상황에 끌어들임으로써 관중의 위치가 아니라 함께 해결해야 하는 문제로 만들 수 있다. 이렇게 되면 학생들의 관심을 옳고 그름 쪽으로 돌릴 수 있다.

"선생님이 깨우는데 정호가 불쾌한 반응을 보이네요. 선생님이 수업 시간에 학생을 깨우는 것은 당연한 일이라고 생각해요. 정호가 늦게까지 아르바이트를 했을 수도 있고 몸이 안 좋을 수도 있어서 무슨 이유가 있는 건지 물었는데, 정호는 무조건 일어나기 싫다고 하네요. 선생님은 좀 당황스럽기도 하고, 솔직히 말하면 정호의 태도가 불쾌하기도 해요. 선생님이 잘못한 건가요?"

교사가 이렇게 말하고 나면 학생들은 정호 편을 들 수 없고, 정호도 그것을 느끼게 된다. 정호에게 불리한 상황이 되는 것이다. 상황에 따라 이 문제를 가지고 학생들과 더 대화를 나눠 보는 것이 좋을 수 있다. 수업을 시작하면서 정호에게 마음을 정리할 약간의 여유를 주는 것도 좋다.

학교 규정에 교사의 지도 권한 명시를

교사가 문제 상황을 지혜롭게 극복하기 위해 노력했음에도 불구하고 문제가 해결되지 않을 수 있다. 그럴 경우 교사 개인의 역량에만 맡겨 두어서는 안 된다. 문제를 해결하기 위한 구조가 학교에 마련되어 있어야 한다. 그러나 아쉽게도 그런 구조를 가지고 있는 학교는 거의 없다.

현행 초·중등교육법 18조에서는 학생 지도 권한을 교장에게 주고 있다.[20] 교사의 권한은 따로 밝히지 않고 있다. 사실상 교사는 교장의 권한을 위임받아 학생을 지도하고 있는 것이라 볼 수 있다. 징계에 대한 권한을 교장에게 주는 것은 크게 문제될 것이 없으나, 교사에게 징계 이외의 다른 지도 권한을 부여하지 않는 것은 문제이다.

교사에게 지도 권한을 부여한다는 것은 교사와 학생 사이에 갈등이 발생했을 때 그것을 처리하는 기준을 마련한다는 것과 같은 의미다. 이것이 없다 보니 어느 한쪽이 상처를 받거나 모두가 상처를 받게 되는 경우가 많다. 교사로서 당연히 해야 할 일이라고 생각해서 학생을 지도했으나, 학부모로부터 부당한 항의를 받게 될 경우 교사는 보호받지 못한다. 이런 경험을 몇 번 하게 되면 교사는 지도를 회피하게 된다. 교사의 권한이 명시적으로 규정되어 있다면 교사는 자신의 권한 내에서 학생을 지도할 수 있을 것이며, 그 권한을 벗어난 지도에 대해서는 책임을 지게 될 것이다. 그러므로 교사의 권한을 법적으로 명시하는 것이 필요하다.

현행법에 교사의 학생 지도 권한이 명시되어 있지는 않지만, 학교 규정에라도 담는 것이 필요하다. 초·중등교육법 시행령 9조 1항에서는 "학생 포상, 징계, 징계 외의 지도 방법 및 학교 내 교육·연구 활동 보호와 질서 유지에 관한 사항 등 학생의 학교생활에 관한 사항"을 학교 규칙에 기재해야 한다고 밝히고 있으므로, 학교 규칙에 교사의 지도 권한을 밝혀 두면 법적 보호도 받을 수 있을 것이다.

교사의 지도 권한을 명시한 학교 규칙의 예

다음 표는 단국대학교 부속고등학교의 학생 선도 규정 중 별지 제6호-징계(14조 5항)에서 성찰 교실 운영 및 체벌 대체 규정이다.

단계	조치	조치 내용	징계 수준	담당자
1	경고·상담	• 교사의 훈계·학생상담	훈계	담당 교사
2	교실 안 지도	• 자기 자리에서 서 있기 • 교실 앞이나 뒤에서 앉거나 서서 벽면 바라보기 • 교실 앞이나 뒤에 서서 수업 경청하기 • 압수 : 휴대폰이나 MP3 등	수업 시 정숙을 유지하기 위한 경징계	
3	교실 밖 격리 (Time□Out)	• 성찰 교실 프로그램(자율학습반 대체) 참여 (3단계 이후 어느 단계에서든 실시 가능) • 자기주도 학습, 담당 교사 및 전문 상담 교사 면담, 반성문 작성, 한자 성어, 영어 단어 반복 쓰기 등 • 방과 후 잔류 지도		상담 교사 지킴이 전문 상담 교사
4	대체 프로그램 이행	• 3단계까지 지도 불응 시 재지도 • 생활지도부, 학교 관리자의 학생·학부모 상담	교내 봉사 사실 확인서 작성	사안 담당 교사 생활지도부 학교 관리자
5	징계	• 선도 위원회 개최 및 징계 (선도 규정에 근거-교내 봉사 이상 징계), 사회봉사, 수업 정지 및 성찰 교실 운영	사회봉사, 수업 정지 등	학교 관리자
6	징계 (교육지원청)	• 지역사회 유관 기관과 연계, 특별 교육 이수 프로그램 운영 관리 • 징계 프로그램 이후 최종적인 교육 조치 결정	특별 교육 이수, 학급 교체 이상	교육지원청

단국대학교 부속고등학교 학생 선도 규정 중 성찰 교실 운영 및 처벌 대체 규정

이 규정을 좀 더 설명하면 다음과 같다.

- 교실 밖 격리 시 이동 담당자는 지킴이 선생님, 상담 교사로 하고 부득이한 경우 학년 사무실에 협조를 구한다.
- 4단계까지 담당 교사의 고유 권한으로 인정되며, 불응 시 위원회에 회부한다. 5단계부터는 선도 규정의 징계 규정에 근거해 생활지도부에서 조치한다.
- 학생이 교사에 대해 하극상이나 욕 등 불손한 행동을 한 경우에는 바로 3단계부터 적용 가능하다.
- 다른 수업 시간에도 품행이 좋아지지 않고 같은 종류의 소란을 일으킬 때 바로 3단계부터 적용 가능하다.
- 담당 교사 및 상담 교사는 학생상담 자료 등의 일체를 생활지도부 사안 담당 교사에게 인계한다.
- 성찰 교실은 상담실에서 실시한다.

세부 내용 하나하나에 대해서 옳은지를 논하려고 제시한 것은 아니다. 아마도 규정을 제정하는 과정에서 다양한 찬반 논쟁이 있었을 것이다. 중요한 것은 지금 당장 완전무결한 규정을 만드는 것이 아니고, 구성원의 합의에 따라 규정을 만들어 가야 한다는 것이다. 학교 실정에 맞지 않거나 인권 침해 요소가 있거나 교육적으로 바람직하지 않은 규정은 계속해서 개정해 나가면 될 것이다. 다만 여기서는 교사의 지도 권한을 구체적으로 명시하고 있다는 것을 보여 주려는 것이다. 교사는 이러한 규정에 근거해서 학생들을 지도할 수 있다.

학교 규정에 권위를 부여하자

법이든 학교 규정이든 그것의 적용을 받는 주체들의 합의가 없으면 권위를 인정받기 어렵다. 권위가 없는 법이나 규정은 누군가에게 악용되거나 현실적인 규정력을 발휘하지 못한다. 학생 인권조례가 학교에서 현실적인 규정력을 발휘하지 못하고 있다면, 그것은 교사나 학생에게 권위를 인정받지 못하기 때문이다.

학교 규정이 권위가 있으려면 민주적 절차에 따라 제정되고 개정되어야 한다. 제·개정에 직접 참여하는 대표들은 자기의 의견을 밝히고 대표로 선출되어야 하며 교사, 학생, 학부모의 의견을 수렴해야 한다. 제·개정을 위한 토론회는 방송 등을 통해 전교생에게 공개해야 하며, 제·개정위원회에서 결정된 사항에 대해서 학교운영위원회와 학교장은 특별한 문제가 없으면 승인해야 한다. 승인하지 않을 경우에는 그 이유를 명확히 밝히고 재심의를 요구해야 한다.

규정이 제·개정된 이후에는 교사, 학생, 학부모에게 그 내용을 교육해야 한다. 조항의 의미, 조항이 만들어진 맥락 등을 충분히 이해시켜야 그 규정을 적용하는 데 무리가 없을 것이다.

부록

1. 〈나는 이렇게 산다〉 설문지
2. 〈우정 신문〉
3. 학교폭력 관련 자료

나는 이렇게 산다 1

작성일　　　　　년　　월　　일

작성자　　학년　반　번　이름

1. 나의 취미

크게 공감했거나 감동을 받았거나 의미 있게 듣거나 본 만화, 노래, 영화 제목을

각각 3가지만 쓰시오.

　1) 만화(3가지)

　　① 　　　　　　　　　② 　　　　　　　　　③

　2) 노래(3가지)

　　① 　　　　　　　　　② 　　　　　　　　　③

　3) 영화(3가지)

　　① 　　　　　　　　　② 　　　　　　　　　③

2. 나의 기분

다음 문장의 뒷부분을 완성하시오(문득 떠오른 생각을 쓰기).

　1) 봄이 오는 들판을 바라보면 나는 ＿＿＿＿＿＿＿＿＿＿＿＿＿＿＿

　2) 밤거리를 거닐다 보면 나는 ＿＿＿＿＿＿＿＿＿＿＿＿＿＿＿＿＿

　3) 불행한 사람들을 보면 나는 ＿＿＿＿＿＿＿＿＿＿＿＿＿＿＿＿＿

　4) 어린 아이들의 눈을 보면 나는 ＿＿＿＿＿＿＿＿＿＿＿＿＿＿＿

　5) ＿＿학년이 되면서 나는 ＿＿＿＿＿＿＿＿＿＿＿＿＿＿＿＿＿＿

　6) 거울 속의 나를 한참 바라보면 나는 ＿＿＿＿＿＿＿＿＿＿＿＿＿

3. 나의 성격

1) 다음 중 내가 가지고 있는 특징에 해당되는 것을 모두 골라 ○표시를 하시오.

게으르다. 꼼꼼하다. 성실하다. 매사에 자신이 없다. 의욕이 없다. 매사에 소극적인 편이다. 쾌활하다, 표정이 어둡다. 쓸데없는 것에 신경 쓰는 경향이 있다. 한 가지에 집착하는 경향이 있다. 슬픔, 앞날에 대해 걱정하고, 인생의 실패자요 낙오자라는 생각을 한다. 책임지는 일은 피한다. 산만하다. 집중력이 강하다. 충동적이다. 창의적이다. 꿈이 별로 없다. 속이 좁다. 짜증을 잘 낸다. 승부욕이나 경쟁심이 강하다. 경솔하다. 포용력이 있다. 무디다. 말이 많다. 공상을 많이 한다. 열등감이 있다. 우월감이 있다. 세상이나 사람들에 대해 부정적이다. 낙천적이다. 냉정하다. 극기심이 있다. 호기심이 많다. 내 또래 아이들 중에서는 성숙한 편이다. 무언가 또래 아이들보다 어린 것 같다. 정의감이 있다. 튀는 것을 좋아한다. 튀는 것을 싫어한다. 보수적이다. 의지가 강하다. 원하는 것은 꼭 얻어야 직성이 풀린다. 스트레스가 심하다. 초조하다. 욱하는 성격이 있다. 충동적이다. 욕심이 많다. 감정적이다. 사색에 잠기는 적이 많다. 생각하는 것을 싫어한다. 내성적이다. 외향적이다. 현실적이다. 눈앞에 보이는 사실에 충실하다.

2) 사람들은 나를 어떻게 보는가?

① 어머니에게 나는 이렇게 보이고 싶다. : _____

  그런데(그러나) 어머니는 나를 이렇게 본다. : _____

  그러나(그런데), 실제의 나는 이렇다. : _____

② 아버지에게 나는 이렇게 보이고 싶다. : _____

  그런데(그러나) 아버지는 나를 이렇게 본다. : _____

  그러나(그런데) 실제의 나는 이렇다. : _____

③ 학교에서 아이들에게 나는 이렇게 보이고 싶다. : _____

그런데(그러나) 아이들은 나를 이렇게 본다. : _____

그리고(그런데) 실제의 나는 이렇다. : _____

④ 학교에서 선생님들에게 나는 이렇게 보이고 싶다. : _____

그런데(그러나) 선생님들은 나를 이렇게 본다. : _____

그러나(그런데) 실제의 나는 이렇다. : _____

4. 나의 인간 관계

1) 나는 사람(반 친구)들을 볼 때 어떤 점을 중시하는가? (3가지만 고르시오.)

① 착한 사람인가 나쁜 사람인가 ② 유능한가 무능한가 ③ 적극적인가 수동
적인가 ④ 강한가 약한가 ⑤ 상대하기 편한가 불편한가 ⑥ 멋있는가 멋없는
가 ⑦ 재미있는가 없는가 ⑧ 나에게 잘 대해 주는가 아닌가 ⑨ 내 편을 들어
주는가 아닌가 ⑩ 나에게 이익을 주는 사람인가 해를 끼치는 사람인가 ⑪ 개
성이 있는가 없는가 ⑫ 멋이 있는가 없는가 ⑬ 잘생겼나 못생겼나 ⑭ 돈이
많은가 적은가 ⑮ 공부를 잘하는가 못하는가 ⑯ 질서나 예절을 잘 지키는가
아닌가 ⑰ 진실한가 아닌가 ⑱ 장애가 있는가 없는가

2) 나의 대인관계 성향

① 내 나름의 의지나 생각보다는 분위기나 대세에 따르는 경향이 있다. (그
렇다, 아니다)

② 나는 다른 사람의 고통에 같이 고통스러워할 줄 아는 편이다. (그렇다, 아
니다)

③ 나는 다른 사람이 나보다 낫거나 더 성공하면 시기, 질투하는 편이다. (그
렇다, 아니다)

④ 나는 아이들과 함께 있어도 소외감을 느낄 때가 많다. (그렇다, 아니다)

⑤ 나는 남과 있는 것보다 혼자 있는 것이 더 좋다. (그렇다, 아니다)

⑥ 나에게는 따돌림에 대한 걱정이 있는 편이다. (그렇다, 아니다)

⑦ 나는 나를 매우 자랑스럽게 생각한다. (그렇다, 아니다)

⑧ 나는 싫은 것은 잘 내색하지 않는다. (그렇다, 아니다)

⑨ 남이 나를 비웃는 것으로 보일 때가 많다. (그렇다, 아니다)

⑩ 나는 내 마음이나 내 견해를 제대로 표현하는 것이 어렵다. (그렇다, 아니다)

⑪ 사람들이 나를 시기하거나 질투하는 경우가 많다. (그렇다, 아니다)

⑫ 사람들은 나에게 부당하게 대하거나 피해를 주는 경우가 많다. (그렇다, 아니다)

⑬ 나는 내 잘못에 대해 <u>스스로</u> 비난하거나 반성하는 경우가 많다. (그렇다, 아니다)

⑭ 나는 사람을 사랑할 줄 안다. (그렇다, 아니다)

⑮ 나는 남이 가진 것을 보면 나도 같은 것을 가지고 싶어 한다. (그렇다, 아니다)

⑯ 나는 하고 싶은 대로 한다. (그렇다, 아니다)

⑰ 난 비판받는 것을 참기가 힘들다. (그렇다, 아니다)

⑱ 나는 손해 보는 것이 너무 싫다. (그렇다, 아니다)

⑲ 나 자신과 많이 싸우고 있다. (그렇다, 아니다)

⑳ 거짓말을 하기 힘들다. (그렇다, 아니다)

3) 인간형에 대한 대인관계

① 나는 내가 좋아하는 친구에 대해 이런 식으로 대한다(생각한다, 표현한다).

② 나는 내가 싫어하는 친구에 대해 이런 식으로 대한다(생각한다, 표현한다).

_____

③ 나는 내가 미워하는 친구에 대해 이런 식으로 대한다(생각한다, 표현한다).

_____

④ 나는 나 보나 못한(약하거나 열등한) 인간형에 대해 이런 식으로 대한다(생각한다, 표현한다).

_____

4) 따돌림에 대해

① 좀 모자라거나 약해서 따돌림당하는 아이를 보면 나는 이렇게 한다(생각한다, 표현한다).

_____

② 특별한 이유 없이 따돌림당하는 아이를 보면 나는 이렇게 한다(생각한다, 표현한다).

_____

③ 성격이 나빠 따돌림당하는 아이를 보면 나는 이렇게 한다(생각한다, 표현한다).

_____

④ 홀로 외로이 있는 아이를 보면 나는 이렇게 한다(생각한다, 표현한다).

_____

5. 나의 욕구

1) 다음은 학생들이 학급 아이들로부터 인정을 받을 수 있는 내용이다.

① 성적 ② 경제력이나 소비(돈 씀씀이나 갖고 있는 물건) ③ 다른 사람의 요구 잘 들어주기 ④ 다른 사람에 대한 배려나 인격 ⑤ 학급 분위기를 이끌거나 아이들에 대한 영향력 발휘 ⑥ 개그나 농담 등을 통한 분위기 이끌기 ⑦ 학생들에게 금지된 경험을 하거나 규율 파괴에 앞장서기 ⑧ 이성교제 ⑨ 힘(완력) ⑩ 외모나 패션 ⑪ 운동 ⑫ 게임, 만화, 글 등 특기 ⑬ 텔레비전이나 영화, 음악, 스포츠 등에서 남(특히 스타들)이 하는 것을 잘 따라 함 ⑭ 학급 혹은 학교 간부 ⑮ 많은 친구들 ⑯ 잘 노는 것 ⑰ 기타(   )

• 위의 항목 중 내가 인정받고 있는 것은?

• 위의 항목 중 내가 앞으로 인정받고 싶은 것은? 또는 현재보다 더 인정받고 싶은 것은?

2) 나의 가장 큰 욕구를 순서대로 3가지 고르시오.

(1순위 :   2순위 :   3순위 :   )

① 쾌락 ② 재미 ③ 편안함 ④ 타인으로부터의 인정 ⑤ 자유 ⑥ 의미 있는 삶 ⑦ 소속감 ⑧ 우정 ⑨ 건강이나 안전 ⑩ 부유함 ⑪ 이성과의 교류 ⑫ 단란한 가족 ⑬ 기타(   )

3) 내가 남만큼 또는 그 이상으로 가지고 있는 것은?

(1순위 :   2순위 :   3순위 :   )

① 부(경제) ② 매력적인 외모 ③ 좋은 성격 ④ 여러 가지 재능 ⑤ 강한 체력

이나 힘 ⑥ 지능 ⑦ 풍부한 감성 ⑧ 노력과 인내 ⑨ 사교 능력
⑩ 기타(   )

6. 집에서 나는

1) 우리 집에 있는 좋은 책 제목(한 가지 이상)

_____

2) 우리 집에서 보는 신문

_____

3) 부모님이 나에게 하신 것처럼 내 아이에게 해 줄 것이다.

(그렇다, 잘 모르겠다, 아니다)

나는 부모님을 사랑한다. (그렇다, 잘 모르겠다, 아니다)

집에서의 내 모습과 학교에서의 모습은 다르다. (그렇다, 잘 모르겠다, 아니다)

나는 어머니의 삶(직업, 사람을 대하는 태도, 가치관, 습관 등)에 대해 부정적으로 보는 경향이 있다. (그렇다, 잘 모르겠다, 아니다)

나는 아버지의 삶(직업, 사람을 대하는 태도, 가치관, 습관 등)에 대해 부정적으로 보는 경향이 있다. (그렇다, 잘 모르겠다, 아니다)

나는 집에 들어가기 싫었던 적이 있다. (그렇다, 잘 모르겠다, 아니다)

나에게 가정은 편안한 곳이다. (그렇다, 잘 모르겠다, 아니다)

4) 우리 부모에 대해 나는 이런 소망이나 바람이 있다.

아버지에 대한 소망이나 기대 : _____

어머니에 대한 소망이나 기대 : _____

7. 학교에서 나는

1) 학교 등에서의 상벌, 회장, 부회장 등 특기할 만한 경력은?

2) 나는 선생님들로부터 이런 점을 많이 지적당했다. : _____

   나는 선생님들로부터 이런 점을 칭찬받았다. : _____

3) 나의 학교 수업 태도는?(해당란에 밑줄을 그으시오.)

   거의 열중한다. 잘 듣지 않고 딴 생각하는 경우도 있다. 수업 방해가 될 정도
   로 딴 짓을 하는 경우가 있다. 잠을 종종 잔다. 엎어져 있거나 수업 자세를
   불량하게 한다. 수업 시간에 종종 늦는다. 친구랑 장난친다. 선생님의 수업에
   끼어든다. 자주 소동을 일으킨다. 무관심하다. 질문에 대답하기를 부끄러워
   한다. 시간 내에 학습지를 다 끝내지 못한다. 과제물을 제출할 때 꼭 늦는다.
   선생님이 듣기 좋아하는 말을 잘 한다. 선생님이 나를 변화시켜 주기를 기다
   린다. 필기를 잘 못한다. 교과서와 노트를 잘 준비하지 못해서 자주 빌린다.
   친구와 의논해 문제 푸는 것을 좋아한다. 모둠활동에 소극적이다. 잘하는 친
   구가 모둠 결과물을 다 하기를 바란다. 나는 공부와 관련해서 다른 친구에게
   별 도움이 되지 못한다고 생각한다. 수업 중에 종종 화장실에 간다. 주로 친
   구의 필기를 보고 쓴다. 수업 중에 다른 친구에게 쪽지를 돌린다. 나만 수업
   을 따라가지 못한다고 생각한다.

4) 나의 전 학년도 학교 생활태도는?

   ① 나는 교실 청소를 열심히 하는 편이다. (그렇다, 아니다)

   ② 나는 휴지나 오물을 학교에서 제멋대로 버리는 편이다. (그렇다, 아니다)

   ③ 나는 두발이나 복장에 관심이 많다. (그렇다, 아니다)

   ④ 나는 선생님이 시키는 일을 피하고 싶어 한다. (그렇다, 아니다)

⑤ 나는 선생님에게 대들거나 마찰을 일으킨 적이 좀 있다. (그렇다, 아니다)

⑥ 나는 선생님이 수업 시간에 하고 싶은 것을 못하게 하면 기분이 나쁘다. (그렇다, 아니다)

⑦ 나는 내가 맡은 교실 청소는 제대로 한다. (그렇다, 아니다)

5) 나를 사랑해 주고 인정해 준 선생님이 있다. (그렇다, 아니다)

6) 내가 자신 있는 과목은?

자신 없는 과목은?

제일 좋아하는 과목은?

7) 나는 학교 시험에 보통 어떻게 대비하는가?

8) 내가 공부하는 데 가장 큰 장애는 무엇이라 생각하는가?

8. 나의 고민

1) 나에게는 나름대로의 인생 목표가 있다. (그렇다, 아니다)

나름대로의 가치관이 정립되어 있다. (그렇다. 아니다)

2) 내 인생에 현재 문제가 있다면 그 근본적인 원인은 무엇이라고 생각하는가?

그 모든 원인은 어디에서 온다고 보는가?

3) 나는 심신에 이런 증상이 있다. (해당 항목의 번호를 쓰시오.)

① 만성 피로증이 있다. ② 설사를 잘 한다. 변비가 있다. 소화불량이다. ③ 불면증이 있다. ④ 자주 머리가 아프다. ⑤ 흡연을 한다. ⑥ 음란물에 관심이 있다. ⑦ 자주 핸드폰을 만지고 사용한다. ⑧ 인터넷, 전자게임에 빠져 있다.

⑨ 아이들과 놀러 다니는 걸 좋아한다. ⑩ 저녁시간이 아니어도 졸음과 잠이 많다. ⑪ 텔레비전, 만화, 무협지, 판타지 등에 빠져 있다. ⑫ 기타(   )

9. 나의 바람

1) 내가 만일 동물로 변할 수 있다면 어떤 동물이 되고 싶은가? 그 이유는?

_____

2) 한국사회는 이렇다. : _____

   한국의 청소년들은 이렇다. : _____

3) 나는 이런 점을 고치고 싶다.

   성격이나 생활태도 : _____

   선생님과의 관계 : _____

   부모와의 관계 : _____

   반 친구들과의 관계 : _____

4) 내가 바라는 학급은?

   ① 규율, 질서 있는 학급 (매우 바란다, 조금 바란다, 바라지 않는다)

   ② 성적이 좋은 학급 (매우 바란다, 조금 바란다, 바라지 않는다)

   ③ 즐겁고 재미있는 학급 (매우 바란다, 조금 바란다, 바라지 않는다)

   ④ 각자 책임을 다하는 학급 (매우 바란다, 조금 바란다, 바라지 않는다)

   ⑤ 누구나 사이 좋은 화목한 학급 (매우 바란다, 조금 바란다, 바라지 않는다)

   ⑥ 옳은 것은 옳다고 말하고 거짓과 불의가 발붙일 수 없는 학급 (매우 바란다, 조금 바란다, 바라지 않는다)

10. 나의 인생 곡선

1) 성적 변화 과정

어린시절　　초1　　2　　3　　4　　5　　6　　중1　　2　　현재

상

중 ────────────────────────────────

하

2) 어머니와의 관계 변화 과정

어린시절　　초1　　2　　3　　4　　5　　6　　중1　　2　　현재

상

중 ────────────────────────────────

하

3) 아버지와의 관계 변화 과정

어린시절　　초1　　2　　3　　4　　5　　6　　중1　　2　　현재

상

중 ────────────────────────────────

하

4) 학급에서 인간관계 변화 과정

어린시절　　초1　　2　　3　　4　　5　　6　　중1　　2　　현재

상

중 ────────────────────────────────

하

5) 나의 자신감 변화 과정

　　어린시절　　초1　　2　　3　　4　　5　　6　　중1　　2　　현재

상

중————————————————————————————————

하

6) 내 인생에서 제일 중요한 사건들

　　어린시절　　초1　　2　　3　　4　　5　　6　　중1　　2　　현재

상

중————————————————————————————————

하

나는 이렇게 산다 2

학년 반 번호 이름

1. 우리 반 사건 베스트 5

1) _____

2) _____

3) _____

4) _____

5) _____

2. 우리 반 아이들 중

1) 만화를 많이 보는 아이 3명은?

2) 핸드폰을 제일 많이 가지고 노는 아이 3명은?

3) 수업 시간에 제일 잘 자는 아이 3명은?

4) 수업 시간에 수업 분위기를 좋게 하는 데 가장 도움이 되는 아이 3명은?

5) 학교에 제출해야 하는 것을 제일 안 내는 아이 3명은?

6) 아이들을 잘 가르쳐 주는 아이 3명은?

7) 매점에 가장 자주 가는 아이 3명은?

8) 우리 반이 화목하게 지내는 데 가장 도움이 되는 아이 3명은?

9) 우리 반에서 책임감이 제일 좋은 아이 3명은?

10) 우리 반에서 청소를 잘하는 아이 3명은?

11) 우리 반에서 제일 멋을 부리는 아이 3명은?

12) 우리 반에서 자기 주변이 가장 지저분한 아이 3명은?

13) 쓰레기를 함부로 버리는 아이 3명은?

14) 괴짜 3명은?

15) 우리 반에서 성격 좋은 아이 3명은?

16) 쓰레기를 잘 줍는 아이 3명은?

17) 껌을 잘 씹는 아이 3명은?

18) 학교에서 공부를 제일 열심히 하는 학생 3명은?

19) 돈을 제일 잘 쓰는 아이 3명은?

20) 남의 요구나 부탁을 잘 들어주는 아이 3명은?

21) 우리 반 아이들 중 여론 형성에서 영향력이 있는 아이 3명은?

22) 개그나 농담을 잘하는 아이 3명은?

23) 이성교제를 많이 하는 아이 3명은?

24) 제일 잘생긴 아이는?

25) 게임을 제일 잘하는 아이는?

26) 연예인에 관심 많고 유행을 잘 따르는 아이는?

27) 주변에 친구가 가장 많은 아이는?

28) 제일 잘 놀 줄 아는 아이 3명은?

29) 제일 똑똑해 보이는 아이 3명은?

30) 제일 착한 아이 3명은?

31) 다재다능한 아이 3명은?

32) 적극적인 아이 3명은?

33) 강한 아이 3명은?

34) 재미있는 아이 3명은?

35) 질서나 예절을 잘 지키는 아이 3명은?

36) 진실한 아이 3명은?

3. 나에게 또는 나는……

   1) 나에게 잘해 주는 아이 3명은?

   2) 내가 대하기 가장 편한 아이 3명은?

   3) 가장 알고 싶은 아이 3명은?

   4) 내가 먼저 말 거는 아이 3명은?

   5) 잘 때 내가 깨워 주는 아이 3명은?

   6) 나에게 말을 제일 많이 거는 아이 3명은?

4. 나의 생활

   1) 올해 학교나 가정에서 나에게 가장 충격적이었거나 기억에 남는 일은?

      ①

      ②

      ③

   2) 점심시간에 주로 하는 것 세 가지는(식사 제외하고)?

      ①

      ②

      ③

   3) 이번 학년 올라온 뒤 처음에 마음먹은 것이나 바람 중 잘되는 것은?

   4) 이번 학년 올라온 뒤 처음에 마음먹은 것이나 바람 중 안 되는 것은?

   5) 아이들 사이에서 나의 별명은?

   6) 아이들이 나에게 하는 일 중 제일 싫은 것은?

      ①

②

③

7) 부모님이 나를 대하는 것이 초등학교, 중학교 때와 달라진 것은?

8) 나의 친구 관계에 대해서 다음 중 맞는 것을 고르시오.

　① 초등학교 때 친구랑 지금도 가장 친하다.

　② 우리 반 친구가 가장 친하다.

　③ 우리 반보다 다른 반에 더 친한 친구들이 있다.

※ 따돌림사회연구모임 곽은주 교사는 〈나는 이렇게 산다〉 설문지의 활용법에
　　대해 다음과 같이 안내한다.[21]

① 설문은 '대화'의 거리 혹은 상담을 안 하더라도 인정 욕구, 기대, 대인
　　관계, 부모에 대한 생각, 가치, 과거 경험, 생활 습관, 건강, 취미 등 광
　　범위한 영역으로 아이를 이해하는 자료로 활용하도록 제작되었다.

② 〈나는 이렇게 산다〉 1 중 '나의 인생 곡선'은 과거부터 현재, 미래까지
　　각 영역별 변화를 그래프로 나타내는 것이다. 같은 시기 비슷한 곡선
　　을 띤 경우 상관관계에 대해 아이에게 질문할 수 있다.

③ 〈나는 이렇게 산다〉 1 중 '3. 나의 성격 1), 2)'에 대한 응답과 '4. 나의
　　인간관계 2) 대인 관계 성향', '10. 나의 인생 곡선'을 교차해 상담을 통
　　해 인과관계를 찾는다.

④ 〈나는 이렇게 산다〉 1 중 '3. 나의 성격 2)'와 '5. 나의 욕구', '7. 학교에
　　서 나는 1), 2), 5)' 문항을 통해 아이들의 인정욕구가 무엇이고, 그 충
　　족 정도를 짐작할 수 있다.

⑤ 〈나는 이렇게 산다〉 1 중 '4-2) 나의 대인 관계 성향'에서 ②, ③, ④,
　　⑤, ⑥, ⑨ 문항은 따돌림의 경험을 짐작할 수 있는 것으로서, '⑥ 나에
　　게는 따돌림에 대한 걱정이 있는 편이다. (그렇다, 아니다)' 문항에 대
　　해 유심히 볼 필요가 있다. 또한 '4-3) 인간형에 대한 대인관계', '4-4)
　　따돌림에 대해' 문항은 다른 사람이 따돌림 상황에 놓였을 때 어떻게
　　행동했는지 경험에 대한 상담이 가능하다.

⑥ 〈나는 이렇게 산다〉 2 설문은 관계가 형성된 1학기 말이나 2학기 초쯤
　　시작하는 것이 좋다. 또래 집단 내에서의 인정 방향, 한 학기 동안 가
　　정과 학교생활의 변화를 알 수 있다. 설문의 통계를 통해 부정적 에너
　　지로 표출된 경우 반성의 계기로, 긍정적 에너지로 표출된 경우 학급
　　의 모범으로 삼을 수 있다.

학급 목표 : 따돌림, 폭력 없는 평화롭고 화목한 2-8 2012년 04월 12일 목요일 제3호	우정 신문	담임 : 박종철 선생님 발행인 : 이한재 편집부장 : 지영서

뒷담화 문화 어떻게 봐야 할까?

뒷담화는 나쁜가요? 나쁘다면 하지 말아야 할 텐데 하지 않고 살 수 있을까요? 뒷담화에 대해 함께 생각해 봅시다.

뒷담화에 대한 솔직 토크

4월 10일 방과 후, 롯데리아에서 여섯 사람이 머리를 맞대고 앉았습니다. 담임 선생님, ○○○, ㅁㅁㅁ, △△△, ▲▲▲, ◇◇◇. 교실이 아닌 다른 곳에서 뭘 좀 먹으면서 얘기를 나누면 분위기도 진지해지고 속 깊은 얘기들을 많이 나눌 수 있을 거라 기대했던 선생님은 살짝 실망하셨다고 합니다. ㅁㅁㅁ, △△△ 학생은 비교적 적극적이었으나 ▲▲▲, ◇◇◇ 학생은 때때로 한마디씩 하는 정도였으며 ○○○ 학생은 얻어먹는 것만이 목적이었다는 듯 말은 안 하고 실실 웃기만 했답니다. 그래도 다행이었던 것은 참석했던 학생들 모두 뒷담화와 관련된 경험을 써 보기로 했다는 것!

1. 뒷담화는 옳지 않은가?
♪누군가에게 불만이 있기 때문에 하는 것이다. 그 자체로는 나쁘다고 할 수도 좋다고 할 수도 없다. 문제는 뒷담화로 인해서 오해가 발생하는 경우가 있고 따돌림으로 이어지는 경우도 생긴다는 것이다.

♪뒷담화는 그럴 만한 이유가 있어서 하는 것이다. 뒷담화의 대상이 되는 사람이 뭔가 잘못했기 때문에 욕을 먹는 것이다.
♫친구끼리는 서로 뒷담화를 하면 안 된다. 갈등 당사자들끼리 만나서 해결하지 않고 뒷담화만 오가는 경우 오해가 쌓이고 갈등 해결은 더 어려워지기 때문이다. 할 말이 있으면 직접 하는 것이 좋다.

2. 뒷담화 자리에 함께 있었던 누군가가 다른 사람에게 그 내용을 유포했다면 그 이유는 무엇일까?
♪절친이 뒷담화의 대상이 되었다면 그 사실을 말하고 싶을 것이다.
♪친구 사이를 이간질하거나 뒷담화한 친구를 따돌리기 위해서 그런 행동을 하기도 한다.

3. 누군가가 내 뒷담화를 했다는 사실을 다른 친구에게 들으면 어떤 기분이 드는가?
♪당연히 기분 나쁘다.
♪웬만하면 참는다. 문제가 꼬일 수 있기 때문이다. 참다가 정 안 되겠다 싶으면 따지게 되겠지만.
♫남학생의 경우 싸우게 되고 여학생은 따돌린다. 여학생의 따돌림이 더 심하다. 주먹을 쓰지는 않지만 더 사악하게 괴롭힌다. 이를테면 치맛단을 뜯는다든가 책에다가 욕을 쓴다든가.

4. 뒷담화는 화목하고 평화로운 학급을 만드는 데 방해가 되는가?

♩ 방해가 된다.

♪ 잘 해결되면 오히려 도움이 될 수도 있다. 비 온 뒤에 땅이 굳어지는 것처럼.

♬ 하지만 잘 해결되는 경우를 거의 못 봤다.

뒷담화에 얽힌 생각이나 경험

ㅁㅁ의 생각

중립적인 입장에서 말해 보자면 여자 아이들은 무리 지어 다니면서 다른 아이의 흉을 보고, 흉을 보면서 이야기를 부풀리게 되고, 흉을 본 아이를 왕따 시킵니다. 하지만 남자 아이들의 경우 흉을 잘 보지는 않지만 흉을 보게 되어서 당사자의 귀에 그 이야기가 들리게 된다면 싸웁니다. 그 뒤에 화해를 하고 잘 지냅니다. 여자들은 수다를 좋아합니다. 하지만 남자들은 수다보다는 잘 어울려 끼리끼리 노는 걸 좋아합니다. 뒷담화가 나쁘다기보다는 여자들의 스트레스 해소의 방법 중 하나인 것 같습니다.

✒ 선생님이 하고 싶은 얘기

간단하게 말하면 남학생들은 피해자를 '찌질이'로 만들고 여학생들은 피해자를 '나쁜 년'으로 만드는 경향이 있습니다. 남학생의 경우 피해자와 같이 놀면 함께 '찌질이' 취급을 받기 때문에 피해자의 곁에 친구가 없고, 여학생의 경우 피해자를 감싸 주면 함께 '나쁜 년' 취급을 받기 때문에 피해자의 곁에 친구가 없죠. 결국 피해자가 외톨이가 된다는 점은 남학생이든 여학생이든 마찬가집니다.

◇◇의 경험

초등학생 때 다른 학교에서 전학 온 친구가 있었는데 예쁘장하게 생겨서 인기가 많았다. 난생 처음으로 인기를 실감하게 되면서 착했던 애가 갑자기 애들을 막 대하는 애로 변했다. 자기한테 필요한 친구가 있다 싶으면 친한 척 접근한 다음 단물만 빼먹고 버리고 다른 친구한테 가 버리는가 하면, 같이 어울리는 친구 중 어느 한 명을 왕따 시켜서 소외감 들게 하기도 했다. 또 A에게 가서 B의 욕을 하고, B한테 가서는 A의 욕을 하는 등 이리저리 붙어 다니면서 뒷담화를 하여 친구들 사이를 이간질했다. 나뿐만 아니라 나와 친한 몇몇 친구들도 그런 일을 당했는데 화가 나서 그 애에게 복수를 했다. 걔를 왕따 시키면서 전화를 걸어 "네가 이렇게 당하니까 기분 좋으냐?"고 비꼬기도 했고, 학원이나 학교에서 마주치면 친구들과 함께 째려보기도 했다. 나중에는 용서해 주고 화해했지만 이 친구는 그런 행동을 멈추지 않았고 그래서 다시 따돌림을 2~3번 정도 더 당했다. 그러다 보니 걔는 애들 사이에서 이미지 좋지 않은 애로 인식되어 버렸다.

✒ 선생님이 하고 싶은 얘기

그런 일을 당한 뒤 복수하고 싶은 마음이 들 수 있지요. 이해합니다. 그러나 복수를 한 뒤 그 친구는 자기 잘못을 깨달았을까요? 복수한 친구들에 대한 분노만 생기지 않았을까요? 복수를 당한 뒤에도 그런 행동을 반복했던 것을 보면 잘못을 깨닫지 못했다고 할 수 있습니다. 그 친구의 잘못을 깨닫게 해줄 수 있는 다른 방법은 없었을까요?

▲▲의 경험

나를 포함해 6명 정도 되는 친구들끼리 다른 아이의 뒷담화를 하는데, 그중에 A가 유독 말을 많이 하고 뒷담화를 주도한다는 느낌을 받았다. 그런데 나중에 알고 보니 A가 내가 없는 자리에서는 내 욕을, 다른 아이가 없는 자리에서는 그 아이의 욕을 하고 다녔다고 했다. 나와 5명의 친구들은 화가 나서 A의 욕을 하게 되었고 이 사실이 A에게 알려지면서 5명 중 한 명과 A가 싸우기도 했다.

내 생각에는 뒷담화는 되도록 하지 않는 것이 좋은 것 같다. 뒷담화를 하다 보면 그 아이에 대해서 안 좋게 생각하게 되고 그렇게 그 사이가 지속되다 보면 언젠가는 알은척을 안 하게 되거나 싸우게 될 것이 분명하다. 뒷담화를 하기보단 직접적으로 불만을 말하는 것이 좋은 방법인 것 같다.

△△의 경험

초등학교 5학년 때부터 여러 번 같은 반이었던 여자애가 뒷담화를 좋아했다. 이유 없이 다른 친구를 욕하고 다녀서 애들 대부분이 걔를 싫어했다. 친구들도 걔가 자기들 뒷담화를 하고 다닌다는 것을 알게 돼서 다 화가 났다. 그래서 걔를 왕따 시켰다. 체육 시간에 혼자 두고 다녔

고, 걔가 교실에 없을 때면 우리에 대해 욕을 써 둔 노트를 펼쳐서 보고 거기에 욕을 썼다. 그러다가 걔가 오면 "야 걔 있잖아. ㅋㅋ"이걸로 시작해서 꼽주기도 했다. 언젠가 한 번은 그 애한테 "왜 욕하고 다니냐?"고 했더니 "그냥"이라고 대답해서 더 화가 난 적도 있었다. 나 역시 그 애를 왕따 시키는 데 동참했다. 처음엔 여자애들만 걔를 싫어했는데 남자애들도 걔를 싫어하게 됐다. 한번은 체육이 끝나고 운동장에서 수십 명 되는 애들이 걔를 둘러싸고 욕한 적도 있었다. 그래서인지 걔랑 다니던 애도 걔를 멀리했다.

지금 생각해 보면 나나 친구들이나 좀 바보 같은 방법을 쓴 것 같다. 나중에 그 애를 만나게 된다면 잘 풀어 보고 싶다.

선생님이 하고 싶은 말

사람은 누구나 관계를 맺고 삽니다. 그리고 관계 속에서 갈등을 겪지요. 서로에게 상처를 주지 않으면서도 솔직하게 얘기할 수 있고 그리하여 갈등을 해결할 수 있다면 참 좋겠지만, 그게 말처럼 간단하지가 않습니다. 그러다 보니 마음을 터놓을 수 있는 사람에게 갈등관계에 있는 사람에 대해 흉보기도 하면서 스트레스를 해소하고 위로받기도 합니다.

뒷담화 그 자체가 문제가 되는 건 아닙니다. 뒷담화를 하는 사람은 속내를 털어놓으면서 답답함을 해소할 수 있고 친구에게 위로받으면서 괴로움을 덜 수 있습

니다. 그러면 뒷담화는 어떤 경우에 문제가 될까요?

첫째, 뒷담화의 대상이 되는 친구를 따돌리고자 할 때 문제가 됩니다. 종종 어떤 친구를 따돌릴 목적으로 뒷담화하는 사람들이 있습니다. 그럴 때 하는 뒷담화는 위로를 받고 싶어서 하는 뒷담화와 다릅니다. 뒷담화하는 사람은 그것을 들어 주는 사람이 공감해 주지 않으면 화를 내기도 하고 나중에 그 사람을 따돌리기도 합니다. 이런 분위기가 만들어지면 그 자리에 함께 있는 사람들 모두가 서로의 눈치를 보게 됩니다. 속으로는 공감하지 않아도 공감하는 척 할 수밖에 없게 되죠.

둘째, 자리에 없는 사람에 대해서 습관적으로 뒷담화를 하는 경우 문제가 될 수 있습니다. ◇◇, ▲▲, △△의 경험에 등장하는 인물이 그런 인물입니다. 주변에서 흔하게 볼 수 있죠. 이런 사람은 A가 없을 때는 A에 대한 험담을, B가 없을 때는 B에 대한 험담을, C가 없을 때는 C에 대해 험담하죠. 이런 행동은 금방 들통나기 마련이고 결국 그 사람이 따돌림을 당하는 일이 벌어지기 쉽습니다.

그렇다면 그런 사람은 왜 금방 들통 날 일을 하는 걸까요? 그것은 대개 주목받고자 하는 심리 때문입니다. 자기를 피해자의 위치에 놓고 뒷담화의 대상을 가해자로 규정함으로써 주목받고 위로받으려는 것이지요. 사람은 누구나 다른 사람의 관심과 사랑을 원합니다. 그러한 욕구가 충족되지 않으면 부적절한 방법을 통해서라도 관심을 끌고자 합니다.

그런 친구로부터 피해를 당하면 복수하고 싶은 마음도 들 수 있지만 그렇게 해서는 그런 행동을 그만두게 할 수 없습니다. 그런 행동의 결과로 따돌림을 당하면 당할수록 관심을 끌기 위해서 더 그런 행동을 하기 때문입니다.

그런 친구에게는 두 가지가 필요합니다. 첫째, 그 친구가 가진 좋은 면을 발견하여 칭찬해 주어야 합니다. 둘째, 주목을 끌기 위해서 그런 행동을 했다는 것을 스스로 인정할 수 있도록 도와주어야 합니다. 첫 번째 것은 주변에 있는 친구들이 해 줄 수 있는 것이고 두 번째 것은 선생님이나 전문가의 도움이 필요할 수도 있습니다.

주변에서 이런 친구를 보게 된다면 선생님께 도움을 요청하세요. ^^

책 소개

이 선생의 학교폭력 평정기
담임 선생님이 활동하고 있는 '따돌림사회연구모임' 선생님 네 분이 쓴 책입니다(아쉽게도 네 사람 중에 담임 선생님은 없어요.—). 선생님들이 실제 겪었던 이야기를 소설로 각색한 것인데, 학교폭력의 현실과 학생들의 심리가 잘 드러나 있습니다.

책을 읽다 보면 자기가 겪었거나 옆에서 보았던 일들이 생각날 겁니다. 우리 교실에 평화의 꽃을 피우기 위해 함께 노력해 보아요. ^^
※ 우리 학교 도서관에도 있는 책이니 빌려서 읽어 보세요.

학급 목표 : 따돌림, 폭력 없는 평화롭고 화목한 2-8 2012년 04월 26일 목요일 제4호	우정 신문	담임 : 박종철 선생님 발행인 : 이한재 편집부장 : 지영서

부끄럼 많은 풍뎅이 소년 도와주기

너무 수줍어서 나무 뒤에 숨는 풍뎅이 소년이 있습니다. 그런데 나무가 너무 가늘면 몸을 다 숨길 수가 없어요. 풍뎅이 소년이 친구라면 어떻게 도와줄 수 있을까요? 아래 만화의 마지막 칸에 들어갈 내용을 상상해서 그려 보세요.

www.bellbug.com

우리 반 친구들이 상상해서 그린 것들

유형 1. 풍뎅이 소년에게 충고하거나 제안하기

✎ 선생님이 하고 싶은 얘기

친하지 않은 관계라면 충고는 상대를 더욱 위축시킬 수도 있습니다. 친한 관계라고 하더라도 상대가 받아들일 준비가 안 된 상황이라면 역시 상대에게 본의 아니게 상처를 줄 수도 있습니다. 네 번째 그림은 그래도 먼저 다가가서 풍뎅이 소년을 이끌어 준다는 점에서 훈훈하네요.

유형 2. 숨는 방법 알려 주기

248

유형 3. 풍뎅이 소년이 원하는 대로 해 주기

작가가 그린 원작의 내용

✏ **선생님이 하고 싶은 얘기**

풍뎅이 소년과 함께 있는 곤충을 편의상 파리라고 하겠습니다(파리랑 꽤나 비슷하게 생겼죠?). 원작에서는 파리가 풍뎅이 소년의 부끄러워하는 마음을 읽고 스스로 나무 뒤에 숨어 줍니다. 풍뎅이 소년이 숨으려는 이유는 다른 사람에게 자기 모습을 보이지 않기 위해서인데 나무가 너무 가늘어 숨겨지지 않으니 파리가 대신 숨어 주는 것이죠.

배려란 무엇일까요? 사람들은 흔히 어려움을 겪고 있는 사람에게 이러저러한 충고를 하면서 그것이 그 사람을 위한 배려라고 생각합니다. 하지만 진짜 배려는 그 사람의 마음을 읽어 주는 데서 출발하는 게 아닐까요? 어려움을 겪고 있는 사람에게 섣불리 충고하는 것은 상처를 주는 일인지도 모릅니다.

어려움을 겪고 있는 사람은 자기 마음을 이해해 주는 사람에게 마음을 엽니다. 마음이 열린 후에야 충고를 들을 준비가 되지요.

먼저 마음을 읽어 주는 사람이 됩시다. ^^

배려는 (   ) 이다.

♫ 배려는 (바보들이나 하는 짓)이다.

♫ 배려는 (인간이 살면서 행할 수 있는 최고의 봉사)이다.

♫ 배려는 (고마움)이다.

♫ 배려는 (남을 이해해 주는 것)이다.

♫ 배려는 (좋은 것)이다.

♫ 배려는 (내가 먼저 하면 돌아오는 것)이다.

♫ 배려는 (먹을 거 먹을 때 나눠 주는 것)이다.

♫ 배려는 (상대방이 보는 나의 모습)이다.

♫ 배려는 (상대방에 대한 최소한의 예의)이다.

♫ 배려는 (이해)이다.

♫ 배려는 (먼저 다가서는 것)이다.

♫ 배려는 (상대방의 기쁨)이다.

♫ 배려는 (함께 살아가기 위해 서로 이해해 주어야 하는 것)이다.

♫ 배려는 (상대방도 나와 같은 '인간'이라는 걸 인정하는 것)이다.

♫ 배려는 (호빵맨 얼굴 같은 것)이다. : 호빵맨은 도움이 필요한 사람에게 자신의 얼굴을 뜯어 주고 힘을 낼 수 있게 한다. 자신이 조금 힘들어지더라도 남을 위하는 것, 그것이 배려다.

♫ 배려는 (남을 위한 나의 최소한의 공간)이다.

♫ 배려는 (대가를 바라지 않고 순수하게 상대방을 존중하는 마음)이다.

✎ 선생님이 하고 싶은 얘기

어떤 친구가 "배려는 (바보들이나 하는 짓)이다"라고 적었네요. 별 생각 없이 적었을까요? 진짜로 이렇게 생각하는 것이라면 자기를 위해 배려하는 사람들을 보면서 속으로 "바보 같다"고 생각했을까요? 사람은 누구나 다른 사람의 도움과 배려 속에서 살아갑니다. "배려는 (먹을 거 먹을 때 나눠 주는 것)이다"라고 쓴 것을 보았을 땐 장난처럼 썼나 싶었는데 가만 생각해 보니 이거 참 좋은 말이네요. 먹는 자리에 초대하여 함께 먹는다는 얘기니 이만큼 사람을 아끼는 마음이 또 있을까요?

여러분이 적어 준 내용 하나하나가 참 좋은 내용들입니다. 읽으면서도 훈훈해지네요. 그 중에서도 "배려는 (호빵맨 얼굴 같은 것)이다"는 특히 더 좋네요. 자기가 조금 힘들어지더라도 남을 위하는 마음이 바로 배려라는 말이 가슴에 와 닿습니다. 여러분은 어떤 말이 마음에 드나요?

혼자 외톨이로 지내는 친구, 친한 두세 명 외에 다른 아이들과는 어울리지 않는 친구를 도와줄 수 있는 방법

♫ 단합 대회 할 때 다 같이 참여할 수 있는 게임을 한다.

♫ 그 아이들이 마음을 열지 않는다면 친해지기 어려울 것이다.

♫ 상대방이 잘하는 것이 있다면 그 점을 부각시켜 줘서 자신감을 키워 준다.

♫ 먼저 다가가 장난을 친다. 웃을 때까지.

♫ 수학여행이나 따로 시간을 내서 다 같이 모여 속 마음을 털어놓거나 진심 말하기

♫ 싸운 다음 화해한다.

♫ 비슷한 관심사를 찾아 계속 말을 건다. 무엇보다 소외된 아이들의 용기가 필요하다. 3명 정도 모여서 그룹 게임을 한다(2명은 너무 어색할 거 같음).

♫ 자주 어울리는 방법을 찾는다. 그것밖에 방법이 없는 것 같다. 겉모습이 어떻든 그 사람 속을 알면 마음이 바뀐다. 겉모습은 그냥 껍질 같은 건데 알맹이를 알기 위해 자주 어울려야 할 것 같다.

♫ 너 자신의 문제점을 찾아보아라. 그리고 그 문제를 해결하려고 노력해라. 그러나 자신의 문제를 발견하지 못하면 너를 받아 줄 수 있는 친구를 찾아보아라.

♫ 거부감이 들지 않게 조심스럽게 내가 먼저 말을 걸어 준다. 혹은 혼자 다니는 아이에 대한 생각(편견?)을 버리고 먼저 마음을 열고 대해 준다(불편하지 않게). 먼저 마음을 열면 언젠간 꼭 걔도 마음을 열겠지.

✎ 선생님이 하고 싶은 얘기

이렇게 외롭게 지내는 친구들은 다른 친구들과 친하게 지내고 싶은 마음이 없어서 외롭게 지내는 것이 아닙니다. 겉으로는 친하게 지내고 싶은 마음이 없는 것처럼 보일지라도 속마음은 다르기 마련입니다. 어떻게 해야 친하게 지낼 수 있는지 모르는 경우도 많고 전혀 효과적이지 않은 방법으로 주목을 받으려 하기도 합니다. 후자의 경우에 해당하는 친구는 흔히 '나댄다'는 소리를 듣지요. 그러므로 그 아이들이 마음을 열기 전엔 어쩔 수 없다고 생각할 것이 아니라 그 아이들이 마음을 열 수 있도록 도와줄 필요가 있습니다. 단합 대회가 좋은 기회가 될 수 있도록 함께 노력합시다.

"상대방이 잘하는 것이 있다면 그 점을 부각시켜 줘서 자신감을 키워 준다"는 얘기에 공감이 갑니다. 누구나 자기가 가진 장점이나 특기를 인정받을 수 있다면 외모에'만' 집착하거나 누군가를 괴롭혀서 인정받으려고 할 필요가 없을 것입니다.

우리 반 친구들

지난 9월 5일에 '우리 반 친구들'에 대해 글쓰기를 했는데, 그때 쓴 것 중에서 인상적인 것을 모아 보았습니다. 이미 읽어 봤겠지만 다시 한 번 봐도 재밌을 겁니다. 우리 반 친구들, 특히 평소 교류가 많지 않았던 친구에게도 관심을 갖길 바랍니다.

김용민

♩김용민이란 소년은 메이플로는 우리 반에서 최고입니다. 아직까지도 메이플로 김용민을 이긴 친구가 없다고 합니다. 그런데 머리가 영리한 편은 못 되었습니다. (이재호 씀)

소영민

♪소영민은 대체로 염치가 없고 입이 가벼워서 하지 않아도 될 말을 나불나불 잘 지껄여댑니다. 그래서 먼저 다니던 학교에서도 이런 일로 쫓겨났다고 합니다. (이재호 씀)
♫영민이는 참 귀찮은 친구입니다. 언제나 부탁을 하지요. (김용민 씀)

오찬근

♩조용한 것 같지만 재미있고 약간 4차원 같기도 하다. (유현주 씀)
♪내가 가장 좋아하는 친구는 오찬근입니다. 오찬근은 우리 반에서 키가 중간이지만 어깨가 떡 벌어진 아주 튼튼한 소년으로 나이는 열여덟 살입니다. 그리고 누구든지 오찬근을 보면 성질이 온순하다는 걸 알 수 있습니다. 그것은 오찬근의 웃는 모습에서 찾아볼 수 있습니다. 오찬근은 항상 수업 시간에 잠을 잘 자는 소년입니다. (이재호 씀)

이재호

♫주어진 일에 대해 열심히 하고 공부에 열정이 있다. 하지만 잠을 이겨 내진 못하는 것 같다. 잘 존다. (유현주 씀)

이준수

♩나랑 별로 친하지 않다. 그런데 내 앞자리를 두 번 연속해서 내 물건 주워주느라……미안.^^ (박은미 씀)
♪지금 내 짝꿍이고…… 좀 무뚝뚝한 것 같다…… 그치만 착하고 짝인데 불편하지 않다. 말은 별로 안 해 본 것 같지만 좋은 아이. (김하진 씀)

이중빈

♫나와 가장 친하게 지내는 친구는 중빈이인데 너무 엉뚱한 짓을 많이 하는데 그것이 재미있다. 주변인으로부터도 은근 인기가 많다. (이준수 씀)
♩내가 좋아하는 소년 중에 이중빈도 있습니다. 이중빈은 매우 불쌍한 소년입니다. 몸이 약하고 얼굴이 핼쑥하고 곱사등이입니다. (이재호 씀)

이한재

♪한재는 1학기 때 우리 반 반장이었는데 2학기가 되면서 지영서로 바뀌었다. 한재는 몸이 위로도 크고 옆으로도 크다. 항상 중빈이한테 장난 거는 것을 즐기는 것 같다. (이준수 씀)

장현

♫장현은 고민을 잘 들어 주는 친구입니다. 고민을 풀어 주려 하고 자기 일처럼 공감해 줍니다. 장현은 머리가 좋습니다. 하지만 그 머리를 사용하지 않아 아쉽기만 합니다. 장현! 롤 좀 작작 해. (한지희 씀)

최윤진

♪윤진이는 다른 아이들을 놀리는 것을 좋아하지요. (김용민 씀)

김두리

♪두리는 친구들에게 친절하고 점심 때 다이어트 때문에 밥을 안 먹는 것 같은데 대단한 것 같습니다. 피부가 진짜 좋고 하얘서 부러울 때가 있습니다. (김진민 씀)

김진민

♪까무잡잡하지만 피부는 누구보다 좋고 씨스타 보라 같다. 노력을 잘 하는 친구다. 애늙은이 같다. 내가 나중에 환생하면 이 얼굴을 갖고 싶은 친구다. (지영서 씀)

김하진

♫하진이 말이에요. 하진 보고 있나? 하진이는 사실 짝이 되기 전까지는 저랑 어색했어요. 애들한테 하진이가 저랑 어색하다고 말할 정도였으니……. 그치만 이제는 화장실도 같이 다니는 사이랍니다. 하진이가 화장실을 갈 때면 늘 저를 데려가요. 제가 얼마나 좋으면 화장실 가는 순간까지도 같이 있고 싶어 할까요? (한소희 씀)

♪하진이는 착하고 항상 밝습니다. 남자애들, 여자애들과도 두루두루 친해서 보기 좋습니다. 가끔 웃길 땐, 하진이가 멍 때릴 때 표정이 웃깁니다. 입을 벌리고 있는 모습이 웃기면서 약간 귀엽습니다. 이번에 부반장이 되었는데 뽑길 잘한 것 같습니다. (김진민 씀)

박소희

♪박소희라는 친구는 새하얗고, 갈색의 긴 머리 청순의 상징이다. 부럽다. 머리가 좋고, 의외로 화장품에 관심이 많고, 지식이 풍부하다. 유치한 개그를 좋아한다. (지영서 씀)

박은미

♫은미는 처음 보면 차갑고 사나워 보이지만 알고 나면 허당인 재밌는 친구입니다. 가끔씩 던지는 은미의 개그는 진짜 재밌고, 가끔은 썰렁하기도 합니다. 은미는 머릿결이 좋은 친구입니다. 머리가 상한 저는 항상 은미의 머릿결이 부럽습니다. (한지희 씀)

♪작년에도 같은 반이었지만 올해 좀 친해진 것 같다. 남의 칭찬을 많이 해 주는 아이다. 좀 남을 관찰하는 것 같기도 하다. ㅋㅋ
(김하진 씀)

유지연

♪머리가 인상적인 친구다. 〈해리 포터〉에서 본 것 같은 머리를 가지고 있다. (박은미 씀)

♫조용하면서 할 건 다 열심히 하는 것 같다. 회계를 잘한다. 주번 일을 열심히 잘한다. (유현주 씀)

유현주
♩현주는 귀여운 친구입니다. 그 이유 중 하나는 키가 작은 것이고 잘 웃기 때문입니다. 현주는 웃을 때 눈웃음이 예쁜 친구입니다. 그리고 한쪽 편에 붙기보다는 중립적이라서 그런 현주의 성격이 좋습니다. (한지희 씀)

이혜빈
♩지금 제 옆엔 열심히 화장을 하고 있는 현재 짝꿍 혜빈이가 있네요. 사실 혜빈이도 영서 못지않은 모터기 마우스예요. 어쩔 땐 영서보다 심할 때가 있죠. 혜빈이는 늘 바빠요. 입도 바쁘고 손도 바빠요. 게다가 화장하다가도 얘기를 한다니까요. 방금도 제 마스카라에 대해 평을 하네요. 메이크업 아티스트인 줄 알았어요. (한소희 씀)

전아름
♫아름이는 도움반 학생이어서 많은 얘기를 해 보진 못 했지만 착한 아인 것 같습니다. 다른 반에 꼭 쉬는 시간 종 치면 찾아오는 친구가 있는데 그 친구 이름은 뭔지 잘 모르겠습니다. (이혜빈 씀)

정다슬
♩내가 가장 좋아하는 친구는 다슬입니다. 다슬이는 1학년 때부터 나와 가장 가까이 지내왔고, 알바를 같이 하면서 더 가까워졌습니다. 다슬이는 화장을 하루라도 안 하는 날이 없고

옷 사는 것을 좋아합니다. 핸드폰을 5분 이상 손에서 떼어 놓지 못하고 말을 툭툭 내뱉어 다른 사람이 상처받기도 합니다. (이혜빈 씀)

지영서
♩지영서라는 친구도 있는데 학기 초엔 서로에 대해 오해를 해서 친하지 않았지만 지금은 좀 친한 것 같은 친구입니다. 컴퓨터 학원을 같이 다녀서 잠자는 시간 외엔 하루 종일 봐서 약간 지겹지만 재밌으니까 지루하진 않습니다. 또 키가 아주 커서 부럽습니다. 20cm만 저에게 주면 딱 좋을 것 같습니다. (김진민 씀)

한소희
♫소희는 남 걱정을 달고 사는 친구입니다. 저뿐만 아니라 주변 친구들 선후배들 등…… 항상 걱정을 합니다. 비가 오는 날이면 우산이 없는 친구를 걱정 하곤 합니다. 저는 소희가 이제 남 걱정보다 자신을 걱정했으면 좋겠습니다. (한지희 씀)
♩한소희라는 친구는 진지하기도 하고 가끔 다른 애 같이 웃다. 팔색조의 매력이 있다. 집착해 주는 걸 즐긴다. 남 고민을 잘 들어 주는 착한 심성을 가졌다. (지영서 씀)

한지희
♩지희는 김구 지희다. 공부할 때 안경을 쓴다. 왜 쓰는지 모르겠다. 그리고 까불이다. 남자친구는 언제 생길지 궁금하다. (정다슬 씀)

홍지은
♫지은이는 항상 모든 것을 귀찮아하는 그런

이이입니다. 하지만 그러는데도 수업을 열심히 듣는 것을 보면 부럽다는 생각도 합니다. 그러고도 쉬는 시간에는 과외 때문에 교재를 푸는데 왜 영어 점수가 보통인지는 알 수가 없습니다. (김두리 씀)

♩지은이는 항상 묵묵히 자신의 일을 합니다. 쉬는 시간에는 늘 부족한 공부를 합니다. 지은이는 프로그래밍을 잘합니다. 항상 모르는 것을 알려 주곤 합니다. 저는 지은이가 쉬는 시간에 공부를 하기보다는 친구들과 어울려 놀았으면 좋겠습니다. (한지희 씀)

학교폭력 관련 자료[22]

학생용 읽기 자료

《내 짝꿍 최영대》 채인선 지음, 정순희 그림, 재미마주

친구들로부터 따돌림과 괴롭힘을 당하는 영대의 울음을 통해 친구의 아픔을 바라보고 사과하는 마음을 나누는 아이들의 모습이 잘 그려진 이야기이다. 따돌림 당하는 아이의 입장에서 아픔을 공감할 수 있다.

《화요일의 두꺼비》 러셀 에릭슨 지음, 김종도 그림, 사계절

깔끔하고 싹싹한 두꺼비와 무뚝뚝하지만 예민하고 속정 깊은 올빼미가 차츰차츰 마음을 열고 가까워지는 모습을 통해 우정을 다시 생각해 보게 한다.

《사랑의 학교》 에드몬드 데 아미치스 지음

이탈리아 작가의 동화 소설로 원제는 '꾸오레'이다. 엔리꼬라는 초등학교 4학년 어린이가 1년 동안 겪는 학교생활과 친구들의 이야기를 가정과 사회, 국가에서 일어나는 일과 함께 기록한 일기 형식의 글이다. 새 학기가 시작하고 마무리되는 이야기가 담겨 있으므로, 엔리꼬의 일기 주제에 따라 필요한 부분을 선택하여 수업 자료나 토론 자료로 사용할 수 있다.

《평화는 어디에서 오나요》 구드룬 파우제방 지음, 신홍민 옮김, 민애수 그림, 웅진주니어
평화 속에 담겨 있는 여러 가지 개념을 여러 가지 면으로 바라볼 수 있도록
짧은 이야기를 여덟 가지로 엮어 놓은 책이다. 학생들에게 들려주기 쉽고 재
미있으며 이야기가 길지 않아 수업 활용에 좋은 자료다.

《헌신적인 친구》 오스카 와일드 지음
한스와 휴는 친구이지만 각각 다른 관점으로 우정을 생각하고 있다. 짧은 단
편이므로 처음부터 끝까지 함께 읽어 보면서 우정에 대해 고민해 볼 수 있
고, 인물에게 편지 쓰기 활동도 해 볼 수 있는 책이다.

《우리들의 일그러진 영웅》 이문열 지음
권력으로 학급을 장악하려는 반장과 그 힘에 동조하고 방관하는 아이들의
모습이 그려져 있다. 학급의 문화와 인간관계를 깊이 있게 고민해 보고, 토
론해 볼 수 있는 소설이다.

교사용 읽기 자료

《이 선생의 학교폭력 평정기》 따돌림사회연구모임 지음, 양철북
교사들이 학급 현장에서 겪은 이야기를 소설로 재구성한 책이다. 교사가 따
돌림 폭력 문제에 대한 자기 관점을 찾아가는 데 도움을 줄 수 있으며, 소설
텍스트를 부분 선택하여 수업 자료나 토론 자료로 사용할 수 있다.

《따돌림 없는 교실》 비비안 거신 팰리 지음, 임지원 옮김, 좋은글
유치원 교사가 아이들의 따돌림 문제를 고민하며 그것을 해결하기 위한 방

법을 궁리하다가 아이들과 함께 이야기를 만들어 나간다. 이 책은 그 속에서 일어나는 토론의 과정을 생생하게 담은 것이다.

《소녀들의 심리학》 레이철 시먼스 지음, 정연희 옮김, 양철북

여자 아이들의 공격성을 거부하는 사회적 기준이 따돌림 문화를 얼마만큼 은밀하고 심각하게 왜곡시키고 있는지를 고발하는 책이다. 여자 아이들의 따돌림 문화를 적나라하게 보여 준다.

《합리적 정서행동치료》 앨버트 엘리스·캐서린 맥라렌 지음, 서수균·김윤희 옮김, 학지사

이 책에 담긴 내용에 대한 소개는 5부 2장에 실린 내용으로 대신한다. 합리적 정서행동치료 방식의 학생상담은 고학년일수록 더 유용하다.

《학교현장을 위한 회복적 학생생활지도》 로레인 수투츠만 암스투츠·쥬디 H. 뮬렛 지음, 이재영·정용진 옮김, KAP

이 책에 담긴 내용에 대한 소개는 5부 2장에 실린 내용으로 대신한다. 회복적 학생생활지도는 중재를 통해 가해자의 사과, 피해자의 용서, 화해를 이끄는 데 유용하고 특히 학급 자치 위원회에서 활용할 수 있다.

《시기심》 롤프 하우블 지음, 이미옥 옮김, 에코리브르

시기심과 질투심은 인간의 본성이라고 하지만 그것을 더욱 부추기는 다양한 사회 조건들에 대해 깊이 있게 살펴보는 책이다. 아이들의 따돌림 문화를 이해하는 데 도움이 된다.

《폭력의 기억, 사랑을 잃어버린 사람들》 앨리스 밀러 지음, 신홍민 옮김, 양철북

어린 시절의 체벌과 학대가 이후 삶에 미치는 영향에 대한 보고서이다. 어른이 되어도 잊히지 않는 폭력과 체벌의 기억들은 자신이 느낀 정당한 분노를 인정하고, 진정한 의사소통의 창구를 찾을 때 비로소 치유될 수 있음을 이야기하고 있다.

《교사와 학생 사이》 하임 G. 기너트 지음, 신홍민 옮김, 양철북

아이들과 학부모, 학교 관리자와의 관계에서 교사들이 겪는 문제들을 심도 있게 살피면서 그에 대처하는 방법을 소개한 책이다. 교사들이 매일 교실에서 부딪히는 상황들을 인격적으로 처리하고, 심리적인 문제들을 해결하는 방법을 일러 준다.

《학생들의 심리게임》 켄 언스트 지음, 우재현 옮김, 정암서원

문제아 게임, 헐뜯기 게임, 유혹자 게임 등 교실에서 학생들이 자주 벌이는 게임을 소개하면서 그 안에 담긴 아이들 심리를 말해 주는 책이다. 학생들의 행동 속에 숨어 있는 게임의 메시지를 읽을 수 있다면, 교사는 좀 더 노련하게 아이들과의 관계를 풀어 갈 수 있음을 알려 준다.

《폭력 없는 평화로운 학교 만들기》 조정실·차명호 지음, 학지사

학교폭력을 화해로 이끄는 방법을 알려 주는 가이드북이다. 학교폭력이 발생했을 때 어떻게 대처해야 할지 모르는 이들을 위해서, 폭력의 피해를 조기에 예방하고 화해와 중재를 통해 원만하게 해결하는 방법을 상세하게 제시한다.

《비폭력 대화》 마셜 B. 로젠버그 지음, 캐서린 한 옮김, 한국NVC센터

우리들이 흔히 사용하는 말들이 얼마나 폭력적인지 그리고 비폭력 대화가 어떻게 인간관계를 변화시킬 수 있는지 설명하고 있다. 학생들과 상담 및 대화를 나눌 때 갈등 없이 문제를 해결하기 위한 안내서이다.

《교사 역할 훈련》 토마스 고든, 양철북

잘 듣는 것이 학생들의 행동을 이해하는 출발점이며 '나-전달법'을 통해 학생의 감정에 상처를 주지 않으면서 교사의 마음을 표현할 수 있다고 말한다. 교사가 학생과 대화를 나누는데도 도움이 되고 학생에게 대화법을 알려주는데도 활용할 수 있다.

《눈물 없는 훈육》 루돌프 드레이커즈 외 지음, 최창섭 옮김, 원미사

아들러 심리학에 기초한 학생교육 방법을 제시한 책이다. 학생들의 문제 행동 원인을 네 가지로 제시하고, 이를 바탕으로 폭력적 방식이 아닌 격려와 올바른 목표를 제시해 주는 방식으로 문제를 해결하는 방법들을 이야기하고 있다.

영상 자료

EBS 지식채널 e-편견 바꾸기

〈난 알아요〉

우리가 분명하다고 확신하는 말들은 정말 정답이라고 할 수 있을까? 한국전쟁, 타이타닉호 참사, 서태지까지 우리가 정말 잘 알고 있는지에 대해 생각해 볼 수 있는 영상이다.

⟨눈의 착각⟩

보이는 게 모두 전부가 아니라는 걸 이야기해 볼 수 있는 영상이다. 우리가 세상의 일이나 사물을 바라볼 때 어디에 중심을 두느냐에 따라 보이는 것도 달라질 수 있음을 함께 생각해 볼 수 있다.

⟨제 정신으로 정신병원 들어가기⟩

주부, 학자 등으로 구성된 일곱 사람이 각기 다른 정신병원에 들어가 정신병자 행세 실험을 하는 내용이다. '쟤는 게을러', '쟤는 지저분해' 등 사람들에게 꼬리표를 붙이는 것이 정말 옳은 일인가에 대해 생각해 볼 수 있는 영상이다.

EBS 지식채널 e-차이와 차별

⟨크레이지 호스Crazy horse⟩

미국 역사에서 잊힌 인디언 영웅의 이야기를 통해 인종 차별의 문제와 사라져 간 소수 문화에 대해 생각해 볼 수 있는 영상이다.

⟨피부색⟩

국제결혼, 다문화 가정에 대한 사람들의 편견과 차별을 살펴보고 함께 공감할 수 있는 영상이다.

⟨여섯 개의 점⟩

시각장애인들이 책을 읽을 수 있게 만들어진 점자의 발명을 둘러싼 이야기를 통해, 장애를 가진 사람들이 함께 살아갈 수 있는 세상에 대해 같이 이야기 나눌 수 있는 영상이다.

〈챔피언〉

인종차별, 사회적 편견과 맞서 싸웠던 권투 선수 무하마드 알리의 이야기를 통해 차별을 없애고 평화를 나누는 일에 대해 함께 생각해 볼 수 있는 동영상이다.

〈어느 퇴근 길〉

지하철에서 사고로 떨어져 사망한 어느 시각장애인의 이야기를 토대로, 장애를 가진 분들이 동등한 권리를 누리며 이 세상에 살아가기 위해 필요한 것들을 함께 생각해 볼 수 있는 영상이다.

〈그들의 이야기〉

세계 최대 컴퓨터 기업을 상대로 소송을 한 사람들의 이야기, 유대인 학살과는 달리 잘 알려져 있지 않은 집시 민족의 고난에 대한 이야기를 통해 민족과 인종에 대한 편견의 문제를 함께 나눌 수 있는 영상이다.

〈히잡〉

무슬림 여성들이 율법에 의해 강요받는 히잡에 관한 이야기. 차별을 막기 위해 강제로 여성의 히잡 착용을 금지한 프랑스 정부의 정책은 과연 인권적일까? 차별에 대해 깊이 고민해 볼 수 있는 영상이다.

EBS 지식채널 e-학교폭력

〈오늘은 내가 죽는 날입니다〉

집단 따돌림을 당하는 학생의 글을 통해, 집단 따돌림에 대해 생각해 볼 수 있는 영상이다. 특히 피해자가 가해자가 되고, 다시 피해자가 되는 모습을 통해 집단 따돌림 문제가 함께 풀어야 하는 것임을 느낄 수 있다.

〈대삼이의 일기〉

살인은 한 명을 죽이지만, 가십은 세 명을 죽인다. 악플러에 대해 함께 이야기해 보고 사이버 공간에서의 폭력에 대해 고민해 볼 수 있는 영상이다.

〈38명의 목격자〉

살인사건의 목격자는 38명이나 되지만 아무도 피해자를 도와주지 않았던 사건을 토대로, 폭력과 집단 따돌림을 대하는 우리의 태도는 어떠해야 하는지에 대해 생각해 볼 수 있는 영상이다.

〈버튼을 누르지 않은 이유〉

돈을 받고 버튼을 누르면 문제를 틀린 누군가가 전기 충격을 당하게 하는 실험에 참가한 사람들의 영상이다. 강요에 의한 폭력, 폭력적 문화에서 평화를 이야기하는 것이 얼마나 중요하고 어려운 일인가를 함께 이야기해 볼 수 있다.

EBS 청소년 특별 기획

〈학교폭력〉

EBS가 따돌림사회연구모임과 함께 만든 다큐멘터리이다. 총 6부작 중 2, 3, 4, 5부에는 따돌림사회연구모임 교사가 직접 출연하기도 했다. 2부 '또 하나의 패밀리, 친구'에서는 뒷담화 문화의 실상을 보여준다. 뒷담화에는 뒷담화로 대응할 수밖에 없는 이유, 학생들이 늘 따돌림을 당할까 불안해하는 모습이 잘 드러나 있는데 학부모들이 본다면 자녀들이 친구 관계 속에서 얼마나 스트레스를 받고 있는지 알 수 있을 것이며, 학생들에게 보여 주면서 따돌림 예방 교육 자료로 활용할 수도 있다. 4부 '교실 평화 프로젝트 – 중·고등 편'에서는 중학교와 고등학교에서 평화로운 교실을 만들어가는 과정을 보여준다. 기존 프로그램들이 가해자와 피해자를 교실 밖으로 데리고 나와 도와주는 형식을 취했다면 이 프로그램은 교실 내에서 평화를 만드는 과정을 보여주었다는 점에서 가치가 크다. 이처럼 학생들의 교실 생활을 직접 담아낸 프로그램은 앞으로 당분간은 나오기 어려울 것이다.

중학교 남학생 사이의 권력 피라미드를 일기 모둠을 통해 해소해 가는 과정, 평소 친하게 지내는 것처럼 보였던 중학교 여학생 사이의 따돌림을 회복적 대화모임을 통해 해소해가는 과정, 고립된 채 살아가는 고등학생을 고립에서 벗어날 수 있도록 돕는 과정이 잘 드러나 있다. 또한 학급 평화규칙이 가지고 있는 힘을 보여준다.

4부는 평화로운 교실을 만들고자 하는 교사들에게 도움이 될 것이며 학생들에게 보여주면서 학교폭력 예방 교육 자료로 활용할 수도 있다. 5부 '치유의 전제'는 학교폭력의 해결을 위해서는 무엇보다도 피해자의 고통에 귀 기울여야 한다는 점을 강조한다. 또한 학급 자치 위원회 운영 사례를 보여주고 있어서 교사들에게 도움이 된다. 6부 모두 EBS 다큐프라임 홈페이지에서 무료로 다시보기 할 수 있다.

영화

〈더 클래스Entre Les Murs, The Class〉 로랑 캉테 감독, 프랑스, 2008
2006년 프랑스에서 출간된 소설 《클래스》를 원작으로 만들어진 영화다. 2008년 칸 영화제에서 최우수작품상인 황금종려상을 받았다. 작가는 중학교 교사로 재직하던 시절에 겪었던 일을 바탕으로 소설을 썼고 직접 영화의 주연으로 출연했다. 이 영화는 파리 외곽의 한 중학교에서 벌어지는 일을 보여주는데, 대중의 공감을 불러일으킨 것을 보면 영화 속 현실이 프랑스의 많은 학교에서 비슷하게 나타나고 있음을 짐작할 수 있다.

영화 속에서 학생들은 교사가 하는 농담을 비웃는다. 떠들다가 지적받은 학생은 왜 자기에게 화풀이를 하냐고 따진다. 교사 역시 빈정거리는 말투로 경고하거나 무시한다. 영화 속에는 이런 장면이 반복적으로 나타나는데 교사와 학생 사이의 감정 대립이 있을 뿐 교육은 없다. 학생들도 교사를 무시하거나 업신여기지만 교사도 학생을 무시하거나 빈정거린다. 여기에 가르침과 배움이 들어설 여지는 매우 좁아 보인다. 이 영화를 보다 보면 한국 현실과 매우 유사한 점이 많다는 점을 느끼게 된다.

〈프리덤 라이터스Freedom Writers〉 리처드 라그라브네스 감독, 미국, 2007

에린 그루웰이 엮은 《프리덤 라이터스 다이어리》를 원작으로 하여 만든 영화이다. 에린 그루웰은 인종 간 갈등이 극심한 지역에 위치한 고등학교에 영어 교사로 부임한다. 학교 밖에서 서로 총을 쏘아 대고 학교 안에서도 패싸움이 일어나는 학교에서 정상적인 교육이 이루어질 리 없다. 에린은 절망과 좌절, 분노에 빠져 있는 아이들에게 희망을 불어 넣어주려 노력하지만 쉽지 않다.

어느 날 수업시간에 아이들이 흑인을 조롱하는 그림을 돌려 보며 낄낄거리는 것을 본 에린은 홀로코스트에 대해 얘기한다. 당시 독일에서는 유대인을 조롱하는 그림을 흔히 볼 수 있었는데, 그런 식의 증오와 적대감이 유대인에 대한 대량학살로 이어졌다는 것이다. 이 일을 계기로 에린은 아이들에게 《안네의 일기》를 읽히고 아이들은 이를 통해 자신의 삶에 대해 돌아보게 된다. 아이들은 안네를 숨겨 주었던 사람이 생존해 있다는 것을 알고 돈을 벌어 그녀를 초청하기도 한다. 한편 에린은 아이들에게 일기를 쓰도록 하는데, 아이들이 쓴 일기를 엮은 책이 바로 《프리덤 라이터스 다이어리》다.

주

1) 프리츠 반델, 《학교가 환자를 만드는가》, 권이종 옮김, 교보문고, 1997.

2) "경미한 학교폭력도 적극 대처, 단위학교 책무성 강화, 가해학생 학부모 특별 교육, 학교안전공제회 구상권 청구 활성화, 학교자치법정 운영, 또래상담자 확대 지원, 인터넷상 유해정보 차단 소프트웨어 보급……." -정환보 기자, "학교자치 법정 운영 등 2년 전 대책 '재탕·삼탕'", 〈경향신문〉, 2012년 2월 6일자 참조.

3) 2012년 3월에 법률이 개정되면서 따돌림과 사이버 따돌림의 개념을 새롭게 추가했으나, 여전히 학교폭력을 올바로 정의하고 있다고 보기 어렵다.

4) 〈학교의 눈물 3부_질풍노도를 넘어〉, SBS-TV, 2013년 1월 27일 방송.

5) 김경욱, "학교폭력에 대한 새로운 프레임 세우기", 〈2010 따돌림·폭력 없는 평화로운 학급 만들기 연수 자료집〉, 2010.

6) 김경욱, "학교폭력에 대한 이해와 대책", 〈경기도 교육청 교과연수년 "따돌림 ·폭력 없는 평화로운 학급 만들기" 연수 자료집〉, 2012.

7) 김경욱, "학교폭력에 대한 새로운 프레임 세우기", 〈2010 따돌림·폭력 없는 평화로운 학급 만들기 연수 자료집〉, 2010.

8) 학교폭력예방 및 대책에 관한 법률 제2조 1의 2항에서는 따돌림을 이렇게 정 의한다. "따돌림이란 학교 내외에서 2명 이상의 학생들이 특정인이나 특정집단 학생들을 대상으로 지속적이거나 반복적으로 신체적 또는 심리적 공격을 가해 상대방이 고통을 느끼도록 하는 일체의 행위를 말한다." 이 정의에 따르면, 가해 학생은 2명 이상이어야 한다. 하지만 가해학생이 1명이더라도 집단이 따돌림을 공유하고 있다면, 이는 학교폭력이라고 보아야 한다.

9) 김경욱, "학교폭력에 대한 이해와 대책", 〈경기도 교육청 교과연수년 "따돌림·폭력 없는 평화로운 학급 만들기" 연수 자료집〉, 2012.

10) 이혜미, "학교폭력 예방을 위한 우정 교육 프로그램", 〈전국교직원노동조합 11회 참교육실천대회 '학교폭력과 평화 교육' 분과 자료집〉, 2012.

11) 위의 글.

12) 미국의 정치학자 마이클 왈저Michael Walzer는, "현대 사회에는 다양한 가치가 존재하는데 어느 하나의 가치가 독점적인 사회적 인정을 획득하는 것이 아니라 각각의 가치들이 동등한 인정을 분배받아야 한다"고 주장하면서 "다원적 평등" 개념을 제안했다. 그는 다원적 평등이 구현되는 것을 '정의'라고 했다.

13) 〈나는 이렇게 산다〉 1, 2는 따돌림사회연구모임 김경욱 교사가 만든 것이다. 학생의 대인관계, 인정욕망, 부모와의 관계, 가치관 등에 대한 단서를 얻을 수 있다. 이 단서를 바탕으로 묻고 답하는 과정을 통해 학생에 대해 더 깊이 이해할 수 있다.

14) EBS에서 방영했던 〈세계의 교육현장〉 "학교 안에 해답이 있다_독일의 학교폭력 예방 프로그램"을 보면 성찰 교실의 운영에 대해 참고할 수 있다.

15) 현행법은 모든 학교폭력을 학교폭력대책자치위원회에서 처리하도록 규정하고 있다. 예외적으로 학교폭력대책자치위원회의 조치가 필요하지 않은 상황을 인정하고 있으나(124, 125쪽 참조), 지극히 제한적인 경우에만 허용하고 있으며 그나마도 전담기구만이 처리할 수 있어 담임교사가 학급에서 중재하고 화해로 이끄는 것을 원천적으로 차단하고 있다. 그러므로 현재 학급 자치 위원회가

다룰 수 있는 사안은 "폭력이 일어나지 않았지만 학급 구성원 사이에 갈등이 있는 경우"에 국한된다.

16) 앨버트 엘리스·캐서린 맥라렌 지음,《합리적 정서행동치료》, 서수균·김윤희 공역, 학지사, 2008.

17) 로레인 수투츠만 암스투츠과 주디 H. 퓰렛이 지은《학교현장을 위한 회복적 학생생활지도》와 KAP와 한국평화교육훈련원(KOPI)에서 진행하는 "회복적 정의 프로그램 진행자 워크샵" 자료집을 참고해서 씀.

18) 일본에서는 은둔형 외톨이를 '히끼꼬모리'라고 표현하며 사회적 문제로 인식하고 있으나 아직 우리나라에서는 심각하게 다루지 않고 있다.

19) 프리츠 반델 지음, 권이종 옮김,《학교가 환자를 만드는가》, 교보문고, 1997.

20) 제18조(학생의 징계). ① 학교의 장은 교육상 필요한 때에는 법령 및 학칙이 정하는 바에 의해 학생을 징계하거나 기타의 방법으로 지도할 수 있다. 다만, 의무교육 과정에 있는 학생을 퇴학시킬 수 없다. ② 학교의 장은 학생을 징계하고자 하는 경우 해당 학생 또는 학부모에게 의견 진술의 기회를 부여하는 등 적정한 절차를 거쳐야 한다.

21) 곽은주·박종철·주희선 지음, 〈따돌림·폭력 없는 평화로운 학급 만들기〉, 전국교직원노동조합, 2010.

22) 따돌림사회연구모임 교사들이 함께 정리한 것이다.